La Guía Rápida de Comercio Electrónico

ALICIA DURANGO

Tabla de contenido

INTRODUCCIÓN AL COMERCIO ELECTRÓNICO

En un primer apartado se proporciona una introducción a preguntas básicas sobre el comercio electrónico y la mayoría de los primeros pasos para su introducción en el maravilloso mundo de la WORLD WIDE WEB. Están cubiertos aspectos como la construcción del sitio Web, promoción, retención de los visitantes y clientes, entre otros aspectos.

En una segunda parte, se presentan 46 aspectos sobre la usabilidad de los sitios Web.

CÓMO INTRODUCIR Y MANTENER CON ÉXITO SU NEGOCIO EN INTERNET

En la actualidad Internet no es un canal de comunicación que se deba subestimar y cada vez más empresas lo utilizan como parte integrante de su estrategia de marketing y publicidad. El ahorro de costes, una mayor audiencia y un mayor grado de interactividad con el cliente/visitante son sólo algunos de los aspectos que elevan a Internet en la actualidad al mismo nivel que otras formas de comunicación y marketing regularmente utilizadas. La realidad es que la forma de hacer negocios ha cambiado, ha evolucionado. Si usted no cambia su método de hacer negocios de la misma manera, no sólo irá detrás sino que además estaría cometiendo un error que podría significar el fin de su negocio.

Muchos gurús de marketing y business cometieron en el pasado errores en la evaluación de Internet como canal publicitario o comercial. Debido a las características iniciales de Internet - donde abundaban páginas sin contenido interesante o relevante y sin ningún rigor en su diseño - el mismo no se consideró como una herramienta necesaria en el marketing de negocios. No obstante, el sector de la informática está acostumbrado a juicios falsos o precipitados.

Estar online es fácil. Para ello, sólo se tiene que comprar un dominio, construir una página Web, colocarla en línea y su negocio estará en la World Wide Web. Si estar en línea es fácil, saber cómo utilizar todos los recursos que la Web ofrece es un asunto completamente diferente. El "estar online" implica utilizar las diferentes tecnologías de acuerdo con los objetivos y estrategia global de una empresa, en lugar de hacerlo como si el sitio Web fuera algo independiente y sin ningún tipo de interconexión con el resto de canales de marketing y publicidad de la compañía.

El comercio electrónico o e-commerce es la forma de hacer negocios entre las empresas y consumidores (B2C) o entre empresas (B2B), usando Internet como plataforma de intercambio de información, pedidos y realización de transacciones financieras.

CONSTRUCCIÓN DEL WEBSITE

Antes de poner su negocio en línea, es importante desarrollar dentro de su empresa un equipo responsable de su e-estrategia. Para rentabilizar su inversión es necesario que todo sea evaluado. Desde el dominio (o dominios) a ser adquirido(s) hasta la forma en como sus productos/servicios van a ser comercializados a través de él.

Construir un sitio Web con fines comerciales no es muy diferente de un sitio Web institucional o meramente informativo. Con respecto a las bases de construcción, las leyes básicas para desarrollar un sitio Web de éxito son uniformes y obedecen principalmente a cinco factores considerados de importancia primordial y hasta leyes inmutables para una exitosa presencia en línea:

- Diseño

- Accesibilidad

- Navegación

- Contenido

- Interactividad

Esfuércese en no fallar en ninguno de estos aspectos.

El **diseño** de su sitio Web debe estar de acuerdo con la imagen actual de la empresa y su mercado. El mismo deberá tener un diseño y tema consistente en todas las páginas que componen el sitio Web, esto es con el fin de evitar que al hacer clic de una página a otra el visitante no tenga la impresión de que entró en un sitio Web diferente.

Regularmente se encuentran en Internet páginas iniciales que son una "puerta" de entrada verdaderamente agradable y acogedora pero que después de pasar por esta se presentan páginas pobres en imágenes y navegabilidad, perdiendo así un cliente potencial y, sin duda, un usuario regular de su sitio Web.

Para mantener un diseño consistente en todo su sitio Web asegúrese de que él mismo en cada página utiliza:

- El mismo tipo de letra, títulos y textos.

- El mismo esquema de color.

- Los mismos gráficos de navegación.

- El mismo sistema de navegación, si utiliza una barra de navegación a la izquierda esta permanecerá para siempre en esta posición.

Su sitio Web está en línea pero ¿está disponible? ¿es accesible? En otras palabras, ¿se encuentra y se utiliza por su público objetivo con facilidad? Con respecto a esto último, es importante asegurarse de que su sitio Web se muestre correctamente en los distintos tipos de navegadores y plataformas como PC, Macintosh o Linux.

Cuando la World Wide Web era todavía un camino a ser explorado y pocas empresas estaban en línea para el mismo producto o servicio posiblemente existirían 5, 20 ó 50 sitios Web sobre u ofreciendo lo mismo mientras que en la actualidad el número estará seguramente entre los cientos y los miles según la especificidad. Por lo tanto, hacer que su sitio Web sea más accesible que los demás es clave para captar la atención de su público. Esto se debe a que - sobre el mismo tema - los usuarios de Internet no utilizan o buscan muchos sitios Web, sino entre 3-5 en promedio.

En este contexto es indiscutible la necesidad de que su sitio Web aparezca entre los primeros en los buscadores, ya que estos son la forma más utilizada por los usuarios de Internet para encontrar páginas sobre un tema en particular.

Maneras de aumentar o garantizar una mayor accesibilidad a su sitio Web son:

- Evitar el uso de Java y apostar por el uso de hojas de estilo CSS (Cascade Style Sheets), ya que son totalmente "digeridos" por los motores de búsqueda.

- Evitar el uso de una página de introducción con animación Flash u otras animaciones grandes y de programas ejecutables, como por ejemplo música, ya que éstos son ignorados por los motores de búsqueda.

- Incluir palabras clave significativas en las Meta-Tag de sus páginas. Estas serán las palabras "leídas" por los motores de búsqueda para organizar el resultado de la búsqueda.

- Incluya palabras clave en los Header Tags de cada página.

- Asegúrese de que el sistema de navegación es fácil de leer por los motores de búsqueda, evitando el uso de marcos, JavaScript y Flash. Si lo hace, incluya en el pie un sistema de navegación en HTML.

- Envíe su sitio a varios motores de búsqueda para ver su posición frente a los competidores.

Un dato adquirido e indiscutible cuando se habla de navegación en línea es el hecho de que ninguna página o información deberá estar a más de tres clics - idealmente dos - de distancia en cualquier lugar del sitio Web. Al tener que hacer clic más de 3 veces para acceder a una página o información, el usuario de Internet se aleja de su sitio Web y difícilmente volverá a darle otra oportunidad de ganar su lealtad.

Pero este no es el único factor a considerar. Igualmente importante es la ubicación y la localización de la barra de navegación, que deberá ser consistente y constante en todas las páginas de su sitio Web y, para facilitar el movimiento dentro del sitio, debe constar de igual modo de links de navegación en el pie de página.

La barra de navegación puede contener gráficos en lugar de texto, es importante que estos sean de tamaño reducido para que no tarden demasiado en aparecer en la página.

Como se ha dicho, todos los factores mencionados requieren de consideraciones especiales en la construcción de un sitio Web ya que son todos importantes. Sin embargo, el contenido se coloca como un factor de extrema importancia.

Su sitio Web puede tener un diseño muy atractivo, ser fácilmente accesible y tener una navegación fluida, pero si el contenido es pobre en intereses, presenta faltas de ortografía, es difícil de leer o por el tamaño de la fuente o por el color de la misma, no tiene un contraste adecuado en relación con el color de fondo de página, entonces todo el trabajo se pierde inevitablemente. En otras palabras, esta será una razón por la cual un usuario de Internet no va a volver a su sitio Web.

Un cliente potencial va a responder más positivamente a su objetivo comercial si usted le proporciona contenido de interés en el contexto de su negocio, productos o servicios. Se entiende, por tanto, que una de las últimas profesiones generadas por Internet es el Administrador de Contenidos. De esta forma, preste especial atención al contenido que usted publique en sus páginas teniendo en cuenta el objetivo de su sitio, el mensaje que quiere transmitir a sus clientes y, sobre todo, asegúrese de que el contenido que se presenta es un hecho interesante y no sólo unas pocas líneas de texto aquí y allá.

Un sitio Web es un libro y el visitante puede acceder a cualquier página de su sitio desde cualquier parte de este, no se puede suponer que habrá un orden de lectura de la página. Asegúrese de que cada página tiene un texto completo y si tiene un desarrollo en otra página que el enlace para la misma sea incluido en el texto.

En un sitio Web comercial es esencial proporcionar toda la información sobre su empresa y sus socios; sobre sus productos y servicios. Aunque no incluya un servicio de compras en su sitio, siempre se debe invertir en una buena promoción de sus productos, ya que su sitio siempre será una muestra de sus productos y servicios. Si permite transacciones en línea es importante proporcionar información sobre las condiciones y plazos de entrega.

Para el éxito de su sitio, deberá jugar la carta de la interactividad de una manera funcional. Muchos e-estrategas creen que en Internet la interactividad lo es todo, por otro lado otros acreditan que es importante pero no esencial. La oportunidad y la facilidad con la que un visitante de su sitio Web interactúa en su sitio con sus productos y mensajes es sin duda importante. De hecho, este es uno de los aspectos que pueden marcar la diferencia entre su sitio y el de un competidor.

La rapidez con que responde a un correo electrónico enviado a través de su sitio por un cliente potencial, es una marca de excelencia, pero también lo es el contenido de su respuesta. Si envía una respuesta automática que responde a otra cosa que a las preguntas entonces la interactividad es inexistente, fácilmente su sitio Web será despojado de significado por parte del usuario.

La interactividad se compone de aspectos tan simples como:

- **Hipervínculos** – permitiendo una facilidad de movimiento del visitante en su sitio con las rutas posibles claramente marcadas.

- **Prerrellenado de formularios, encuestas, motor de búsqueda dentro del sitio** – permitiendo un fácil acceso a la información deseada.

- **Los archivos de audio y video** – disponer de información completa y en varios formatos.

- **Descarga de documentos, catálogos, listas de precios** - algo muy buscado en sitios e-commerce.

LA PROMOCIÓN DEL WEBSITE

Todo profesional de marketing conoce la importancia de las 4 P's para un negocio exitoso: Producto; Precio; Posición; y Promoción; El concepto es simple: para tener éxito desarrolle un producto que satisfaga las necesidades de un mercado, estipule un precio que los consumidores paguen y que genere valor, encuentre la mejor posición (canales de distribución o ubicación de punto de venta) para comercializar y promover el producto.

Sin embargo, ¿se aplican estos 4 P's también al e-commerce? Sí, con algunos cambios de menor importancia, teniendo en cuenta la gestión de la información a ser puesta a disposición del cliente potencial y el grado de interacción con este utilizando las nuevas tecnologías tales como el correo electrónico.

En el plan para rentabilizar su negocio online, el primer paso está dado: su negocio ahora tiene una presencia en línea, sus productos/servicios están en el sitio Web, los clientes pueden comprobar precios, productos/servicios e incluso comprar a través del sitio, en el caso de que se proporcione esta opción.

¿El segundo paso? Promover su sitio Web, es decir, canalizar el tráfico a la misma. Si usted desea aumentar su volumen de ventas de su sitio, los clientes potenciales primero tienen que saber que existe su negocio en línea. Para ello, por supuesto, se requiere una inversión financiera en publicidad pero no toda la inversión es dinero. La mayoría de los medios a su alcance para promover y aumentar el tráfico a su sitio son, en realidad, gratuitos.

- Patrocinio de hipervínculos

- Optimización en Motores de Búsqueda

- Asociaciones

- Publicidad Online

- E-mail Marketing

- Publicidad offline

Algunos de los sitios Web con mejor posicionamiento en los motores de búsqueda tienen alrededor del 87% de visitantes procedentes de los resultados de los motores de búsqueda. Esta es la forma más eficaz para atraer tráfico a su sitio, una inversión en esta área es condición obligada para el mantenimiento de su sitio Web entre los más visitados en su área de especialización. En esta situación, el capital financiero invertido es reducido e incluso inexistente pero es aquel al que deberá dar una atención constante, incluso después de que su Web esté lista.

Colocarse entre los primeros resultados de búsqueda es esencial. Hay dos tipos de motores de búsqueda, directorios como Yahoo; y los indexables como Google. En el caso de Google, trabajan con un sistema de Page Rank, donde las páginas más buscadas aparecen en primer lugar. Ser una de estas páginas es su objetivo.

Sobre el tema de la accesibilidad mencionaremos algunos aspectos importantes relacionados con la construcción de la Web con el fin de optimizarla para los motores de búsqueda. Otros incluyen:

- Utilizar el tag <h> para destacar las palabras clave.

- No utilizar meta tag falsas.

- Evitar tener hipervínculos que no funcionan en sus páginas. Realice un control regular de ellos.

- Tener el mayor número de enlaces desde otros sitios a sus páginas. Este es un factor clave para un buen Page Rank en Google.

El patrocinio de hiperlinks es otra manera de estar en los motores de búsqueda, en este caso conlleva una inversión financiera. Se basa en el concepto de la compra de palabras clave, es decir, cada vez que un usuario de un motor de búsqueda realiza una búsqueda por una palabra clave que se relaciona a su sitio este aparecerá en la parte superior de los resultados.

Este esquema de patrocinio sigue un sistema de subasta donde sus competidores podrán adquirir igualmente el patrocinio de las palabras clave y el mejor postor de una palabra en particular será el primero en los resultados mostrados.

Buscar alianzas con otros sitios Web es una de las formas económicas de aumentar el tráfico a su sitio. Las asociaciones pueden ser un vínculo reciproco, puede pagar una comisión por cada venta realizada por un cliente procedente de un sitio Web en particular o se puede pagar por cada "clic" de un sitio asociado. Es conveniente automatizar el sistema de manera que no pierda demasiado tiempo en la gestión de las asociaciones.

La publicidad en línea es la que está más cerca a la realizada en el mundo fuera de Internet. En este contexto, busque los mejores sitios para promover el suyo, ya sea a través de un banner, un vídeo o a través de un artículo de pago incluido en el contenido o en el sitio que haya elegido o en un boletín electrónico.

En el momento de escoger donde invertir su dinero, solicite las estadísticas de solicitud del sitio donde desea anunciarse. Analice las cifras de tráfico y tenga especial atención en que el público que visita el sitio es su público objetivo. Tenga también en cuenta que día de la semana el sitio tiene más visitas porque la publicidad en línea puede ser mucho más flexible que la offline, es muy posible hacer publicidad en un sitio en una semana en concreto y en otro sitio en otra semana diferente.

La publicidad por correo electrónico es la más conocida de las promociones realizadas en línea pero es igualmente la menos querida y la que tiene más obstáculos para su eficiencia. Cabe señalar que es la que tiene más barreras pero no es la menos eficiente o la que produce un menor número de resultados.

Si su campaña de correos electrónicos no se prepara adecuadamente el retorno de su inversión será prácticamente nulo. Esto se debe a la gran cantidad de correos electrónicos no solicitados - spam - antivirus, firewalls y filtros de correo electrónico.

Cuando lo haga, asegúrese de que la lista de e-mails a la que envíe su correo electrónico se compone de personas que han autorizado la recepción de información/publicidad.

Asegúrese asimismo de incluir una oferta única e irresistible para sus clientes potenciales para que se sientan realmente interesados en visitar su sitio Web.

Según la definición de la Wikipedia: el marketing viral y la publicidad viral se refieren a las técnicas de marketing que intentan explotar redes sociales preexistentes para producir incrementos exponenciales en el conocimiento de la marca, con procesos similares de la extensión de una epidemia.

Una de las mejores maneras de hacer publicidad a través de e-mail es haciendo una campaña de marketing viral. El nombre viral está asociado con los virus y su publicidad se extiende como un virus entre una red de usuarios. El marketing viral es una estrategia que invita a sus usuarios a pasar su e-mail a otros, creando un potencial de crecimiento exponencial y la exposición de su mensaje.

En la mayoría de los casos, las campañas de marketing viral incluyen clips de vídeo con contenido divertido o fotografías con sentido del humor, presentaciones en Power Point con mensajes interesantes y de carácter actual, tales como la protección del medio ambiente. En este caso es muy importante explorar las motivaciones y comportamientos más comunes. Principales aspectos que deben ser considerados a fin de evitar los filtros anti-spam son:

- Colocar el nombre del contenedor en el e-mail.

- Evitar palabras como: gratis, oferta, promoción.

- No enviar archivos adjuntos.

- Tener un diseño simple pero eficaz.

- Ofrecer algo irresistible.

¿La dirección de su página Web es fácil de recordar? Mientras que en la publicidad en línea sus clientes potenciales hacen clic en un hipervínculo o banner que los lleva directamente a su sitio Web en la publicidad offline los mismos son inducidos a visitar su sitio pero para ello tienen que escribir el nombre de su sitio en la barra del navegador, poniendo de manifiesto así la importancia de su dirección, la cual deberá ser corta, simple, atractiva y expresiva de su área de negocio o productos.

Hay una gran variedad de maneras para promover su sitio Web fuera de Internet, siempre teniendo en cuenta su público objetivo. Igualmente importante es dar una razón para que la gente visite tu sitio, es decir, un servicio gratuito disponible en el sitio.

Para una buena promoción de su sitio, incluya siempre la URL de este en todos los objetos posibles como en el membrete de su empresa, tarjetas de visita, sobres, folletos, toda documentación impresa de su empresa y en la firma de su correo electrónico.

Todas las formas de publicidad que utilice, en línea y fuera de línea, pueden conducir a un aumento en el tráfico de su sitio. En términos de éxito, los mejores resultados se lograrán si se puede hacer una campaña, aunque en menor tiempo -dos o cuatro semanas- pero que explore todos los canales a su alcance para hacerlo, a diferencia de si lo hace en pocos canales por mucho tiempo.

Para hacer sus campañas de promoción es vital llevar a cabo un análisis de la estrategia. Identifique a su público objetivo, prepare el presupuesto y plan de e-marketing, analice los resultados con la cantidad invertida y vuelva a promocionar su sitio Web en los canales que lleven más tráfico a su sitio y que se tradujeron en un aumento de los clientes.

CONVIRTIENDO VISITANTES EN CLIENTES

El volumen de tráfico de su sitio es alto, sus clientes potenciales están visitando su sitio, pero esto no le sirve de nada si no hacen pedidos o compras.

Para analizar su e-estrategia es importante averiguar cuál es su porcentaje de conversión, un valor conocido con la siguiente fórmula:

(Número de compradores online / visitantes) * 100 = conversión de visitantes %

El Número de visitantes del sitio

La estrategia de conversión de visitantes en clientes es de lo más importante para obtener beneficios económicos de su sitio. Es lo primero que debemos pensar en la creación o remodelación de un sitio Web.

Sin duda, no todos los visitantes se convertirán en clientes pero incluso los que no compran ahora no deben ser pasados por alto puesto que una vez que conocen su sitio siempre pueden volver en otro momento y realizar una compra.

El factor clave para comprar en su sitio es la confianza que siente el cliente sobre diversos aspectos de su sitio Web. Para este objetivo esencial, la riqueza y claridad de contenidos, tales como: quién es su empresa, lo que vende, donde tiene su sede y, más allá del correo electrónico, proporciona una dirección y números de teléfono. Los visitantes necesitan tener claro que es un negocio real y no sólo una página en Internet que los va a timar, aceptando un pedido y un pago, para después ser imposible contactar si el pedido no llega a sus manos.

De una oferta en la primera compra, esto puede ser un descuento en el precio total, la entrega gratuita o incluso un cupón de descuento para una segunda compra. Estimule a su cliente a volver a su sitio Web y a una futura compra.

Al igual que en una tienda de comercio tradicional, cuando llega a su sitio Web, el cliente potencial tiene que sentir que está en un ambiente seguro y agradable. En su empresa, en su tienda, usted sabe perfectamente cómo lograrlo. Para lograr lo mismo en su página Web esto es lo que es esencial:

- proceso de pago seguro

- proceso de pedido fácil

- alto rendimiento tecnológico

- contenido personalizado

- apostar por la comunicación

Es vital que el desempeño tecnológico de su sitio sea alto, no dando motivos a un cliente potencial a dejar su sitio. La mayoría de los usuarios de Internet dejan un sitio si este tarda más de 8 ó 10 segundos en cargar una página.

La optimización de páginas se puede lograr evitando grandes animaciones y con la compresión de las imágenes utilizadas. Su servidor debe elegirse con cuidado; asegúrese de que tiene la tecnología para mantener su sitio en línea constantemente y regularmente monitoree el desempeño del mismo.

En términos de rendimiento tecnológico es vital prestar atención a los errores de página. A los visitantes no les gusta ver páginas de error o hipervínculos que no funcionan y empiezan a perder la confianza en su sitio.

A menudo éstas son inevitables o porque se ha llevado a cabo la actualización de algo, o el programador modificó por error parte de un código que dejó de funcionar, o porque una determinada página mostrada es incompatible con el navegador del usuario.

Una forma sencilla de evitar este problema es probar que su sitio funciona en múltiples plataformas y construir una página de "se ha producido un error", en donde se explican las posibles causas de lo ocurrido y donde se proporciona un e-mail para que el visitante comunique el fallo.

En este contexto, se debe tener en cuenta igualmente la realización de operaciones ya que además del sitio tener que cargar con rapidez en el navegador, es necesario responder rápidamente a las preguntas de los clientes y respetar los plazos de entrega a los cuales se compromete.

Cuanto más fácil e informativo es el proceso de pedido, mayor será el número de visitantes que se conviertan en clientes. Lo esencial en un sitio de comercio electrónico es la existencia de información sobre los métodos de pago y plazos de entrega. Cuanto más simples sean estas explicaciones mejor, pues reduce sustancialmente el tiempo que tarda un visitante en entender el proceso de pedido, evitando que este deje el sitio al encontrar demasiado complicado o confuso el proceso.

Asegúrese de que el número de pasos que el cliente tiene que recorrer en el proceso de pedido se reduce al mínimo y proporcione un sistema de navegación claro. Pruebe usted mismo este proceso y pregúntese si compraría algo en su sitio en el caso de que no fuera suyo.

Cree un sitio Web que ofrezca un servicio de excelencia al cliente. Desarrolle un sistema de atención completa utilizando el correo electrónico e incluso un programa de chat donde pueda apoyar a su cliente en tiempo real en su sitio Web. Busque la velocidad en sus respuestas. Sabiendo lo rápido que es Internet, los usuarios simplemente requieren un tiempo de respuesta rápido por parte de las empresas. Si se tarda más de un día en responder a un correo electrónico, sus clientes potenciales etiquetarán su negocio como lento y elegirán otros servicios. Sea pro-activo. Anticipe las respuestas a posibles preguntas de sus clientes incluyendo en su sitio una página con respuestas a las preguntas más frecuentes – FAQ.

La seguridad es uno de los aspectos clave en este contexto. Los sitios Web de comercio electrónico viven de las transacciones financieras y es de importancia máxima que se lleven a cabo en un entorno totalmente seguro y fiable. Del mismo modo, es importante que el sistema de pago sea rápido y simple. Además de crear una plataforma envuelta en seguridad es esencial anticipar cualquier problema de seguridad.

Lo ideal y en términos operativos, la página de pago debe ser incluida en la página Web de su empresa, en el caso de que usted no tenga los medios para hacerlo, como por ejemplo, garantizar la seguridad absoluta de las transacciones, es mejor externalizar este servicio a empresas especializadas.

Si usted tiene los recursos para hacerlo, tenga en cuenta la inclusión de diversas formas de pago y en cuestiones de tarjetas de crédito y débito, incluya todo tipo de tarjetas desde Visa a MasterCard.

La confianza y la seguridad son esenciales y marcan la diferencia para la conversión de visitantes en clientes.

Estas son las mejores maneras de lograr esto:

- Siempre usar SSL (Secure Socket Layer) en las páginas de pago y asegurarse de que el "bloqueo" aparece en el pie de página del navegador.

- Certificar que su sitio Web autentica y encripta los datos del cliente.

- Incluir herramientas de detección de intrusos.

- Mostrar los logos de las tarjetas de crédito y el logotipo del certificado de seguridad.

- Mostrar su política de protección de datos en el pie de página u otra página con el texto completo.

- Asegurarse de que si hay un error durante el proceso de pago, el cliente es informado sobre el error y cuál es el motivo. Por ejemplo, "La dirección indicada no coincide con el número de su tarjeta de crédito"; "La fecha límite de su tarjeta no permite realizar esta tarea"; etc.

La personalización de los contenidos es otra manera de estimular las ventas dentro de su sitio. Esta personalización puede hacerse a través de la automatización utilizando las preferencias del usuario. Por ejemplo, a través de las cookies puede conocer los últimos artículos vistos por el cliente potencial y su próxima visita a este sitio, usted puede mostrar el producto que aparece en su página Web. La personalización puede ser difícil de introducir en su sitio pero con el uso de cookies y alguna codificación todo es mucho más simplificado.

Formas de personalizar contenido incluyen el control de los productos consultados por un determinado navegador y automáticamente sugieren a ese usuario otros productos que pueden interesarle. Por ejemplo, en un sitio que vende azulejos para el baño será natural sugerir otros artículos tales como cemento cola, siliconas e incluso grifos y bañeras. El objetivo es sustituir las sugerencias de venta que haría un buen vendedor en una tienda tradicional.

Además de la sugerencia de los artículos relacionados pueden sugerir productos que otros clientes han comprado cuando compraron el mismo producto que el cliente está viendo. Algo usado en gran medida por Amazon, donde a un cliente que compre un libro en particular le es dada una lista de libros comprados por otros clientes que compraron el mismo libro que él.

Si no tiene suficiente información para personalizar el contenido proporcione una manera a su cliente potencial para personalizar el contenido de su sitio Web. En este caso, usted tendrá más posibilidades de hacer una venta en su sitio si los productos que se muestran fueran de última y real importancia para este.

En general, use imágenes de calidad, no de tamaño excesivo y siempre con la opción de ser aumentadas. Poner la mayor información posible sobre los productos es esencial, tales como especificaciones, teniendo siempre visible el precio de cada producto.

Si por alguna razón un visitante dejó su sitio sin adquirir un producto déle algo para recordarlo como podría ser la opción de suscribirse a un boletín de su empresa y, de esta forma, mantener un contacto con su cliente potencial.

Comunicar en línea es muy fácil y un medio prácticamente

gratuito. Uno de sus objetivos para una estrategia exitosa de e-marketing es siempre la adquisición del e-mail de sus clientes y visitantes.

Utilice métodos automatizados para enviar un correo electrónico a sus clientes sobre el estado del proceso de su pedido. Por ejemplo, "Su pedido ha sido recibido" - insertar los productos en su página de inicio.

RETENCIÓN DE CLIENTES

La clave para el éxito de cualquier sitio de comercio electrónico es el grado de retención/fidelización de clientes y la forma en que gestiona a sus clientes.

Hacer que los clientes que han utilizan una vez sus servicios se conviertan en clientes habituales se pueden llevar a cabo a través de una buena gestión de clientes y programas de fidelización.

La construcción de una relación con el cliente es fundamental para las empresas que están en línea y hay que aprovechar todas las oportunidades para hacerlo, sea a través de la confirmación de pedidos, sea a través de boletines electrónicos. La comunicación con el cliente debe ser lo más constante posible, sin ser abusiva o insistente. Hágalo siempre con una verdadera razón o interés para el cliente.

Para construir una relación de calidad con sus clientes y para su retención siga las siguientes pautas:

- branding

- programas de fidelización

- gestión de clientes

La fuerza de una Marca/Brand no puede ser pasada por alto; los consumidores tienden a comprar productos de la marca más fuerte y mejor conocida siempre. Construya su marca en Internet y hágala más fuerte que la de sus competidores.

Es imprescindible que utilice su sitio Web para transmitir a sus clientes los puntos fuertes de su marca y las ventajas de la misma. Hacer una auditoria de su sitio, asegurándose de que esto se analiza en las páginas, y en particular que todas las oportunidades son aprovechadas para inducir a la compra.

El correo electrónico es uno de los medios más importantes de comunicación empresarial y marketing en la actualidad. Enviar y responder a mensajes de correo electrónico con una cierta frecuencia puede ser decisivo para obtener información y feedback de los clientes, crear relaciones fuertes y desarrollar el negocio.

Una de las mayores ventajas del e-commerce es el alto grado de fidelidad de los clientes una vez hecha la primera venta. Debido a diversos factores, entre ellos la confianza y la seguridad, una vez adquiridos el cliente volverá a utilizar su sitio y a comprar sus productos, siempre y cuando lo necesiten o deseen. Además de un alto grado de retención en comparación con las plataformas de negocio tradicionales, los costes de retención son de 3 a 5 veces más baratos. Por ejemplo, mientras que ciertas cadenas de supermercados utilizan tarjetas de fidelidad, teniendo los costes de las mismas, en línea no hay necesidad de invertir en una tarjeta para que al pasar por caja se le de un descuento al cliente o se acumulen puntos.

Un programa exitoso de retención/fidelización requiere un incentivo, fuerte marketing y una redención fácil de los incentivos dados. Una vez que haya elegido el valor del incentivo, promociónelo fuertemente a través de la red de clientes y contactos adquiridos a través del sitio. Esta promoción se puede hacer por correo electrónico o a través de otros medios como el móvil a través del envío de SMS.

La automatización de la gestión de clientes es un área donde las empresas que están en línea pueden tener un rápido retorno de sus inversiones y lograr el objetivo máximo del marketing que es la comunicación personalizada con sus clientes.

Recoja la mayor cantidad de información posible acerca de sus clientes, e-mail, número de teléfono fijo/móvil, fecha de nacimiento, etc. y almacene estos datos para fines de marketing. Cada contacto que mantiene con su cliente es una oportunidad para promover su negocio en línea y fortalecer su relación con el mismo. Aquí están algunas sugerencias de cómo hacerlo:

- Enviar incentivos tales como cupones de descuento en el cumpleaños del cliente.

- Ofrecer descuentos por cada amigo que traiga un cliente a su sitio Web.

- Siempre enviar un correo electrónico de confirmación de pedidos.

- Ofrecer cupones de descuento a los clientes que compraron en su sitio Web una sola vez, con el fin de animarles a hacer una segunda compra.

- Integrar su comunicación con el cliente a través de e-mail y SMS.

CONCLUSIÓN

Utilice esta información para construir un sitio Web de éxito y si usted tiene ya su negocio en la World Wide Web, analice si está desarrollando su presencia en línea correctamente. ¿Por qué es tan importante estar en línea? Porque llegará un momento en el que para sobrevivir, las compañías trabajarán en línea.

Más y más consumidores buscan información en línea acerca de las empresas y de determinados productos. Incluso si más tarde compran en las tiendas o realizan pedidos por teléfono o fax. Un ejemplo certificado es el caso de la industria del automóvil, donde los consumidores buscan información en Internet sobre los coches y realizan la compra en el stand de la marca o concesionario.

Algunos empresarios consideran costoso poner su negocio en línea, un despilfarro. Para estos, será aún más costoso cuando se den cuenta que hace mucho tiempo que deberían haber invertido en la World Wide Web. Bien estructurado y planificado, un año de negocio en Internet puede ser mucho más rentable que un año en los medios tradicionales.

Hay tres elementos clave para tener éxito en línea, tal y como hemos indicado:

- Adquisición de visitantes - atraer a la gente a su sitio Web.

- Conversión de visitantes - animar a los visitantes a comprar en su sitio.

- Retención de clientes - animar a los clientes a volver a su sitio.

Aplicaciones de comercio electrónico

	GOBIERNO	EMPRESA	CONSUMIDOR
GOBIERNO	G2G	G2B	**G2C**
EMPRESA	B2G	**B2B**	**B2C**
CONSUMIDOR	**C2G**	**C2B**	C2C

Una vez que tenga todas las estrategias implementadas y con una monitorización regular, va a estar haciendo todo lo que debería para tener éxito en línea.

Asegúrese de que tiene consigo el mejor equipo a bordo de este proyecto, uno que sea capaz de crear estrategias únicas y personalizadas para su empresa, para su negocio.

Haga un seguimiento constante de la evolución de su sitio Web, de sus estrategias y sea flexible para cambiarlas y actualizarlas de acuerdo a las necesidades y transformaciones de su empresa y su negocio.

Si ya está casi a punto de poner su tienda en marcha, vea si cumple con los siguientes puntos:

¿Cuáles son las formas de pago que se ofrecen?

Su tienda tiene que aceptar el pago con tarjetas de crédito ya que este es el método de pago más utilizado por los compradores. Contacte con los representantes de tarjetas de crédito y solicite la visita de uno. Lo ideal sería que también ofreciera otras formas de pago como transferencia bancaria y depósito en cuenta. Aún mejor es ofrecer todas las opciones.

¿Su servidor es seguro?

Es esencial el montaje de un servidor seguro para manejar sus transacciones en línea. Si es pequeño y no puede implementar un servidor seguro, considere la contratación externa.

¿Su tienda está bien situada?

En una tienda virtual estar bien situada significa ser vista por los compradores potenciales. Es esencial que se encuentre bien posicionada en los buscadores, ya que es la principal puerta de entrada para un sitio Web en estos días. En la actualidad hay profesionales especializados en la mejora de su rango de página en los motores de búsqueda.

¿Su tienda ofrecerá promociones?

Proporcione incentivos para que el visitante haga la primera compra como un descuento o regalo de promoción. Ofrezca un bono para el cliente que trae a otros clientes.

¿Su tienda mantendrá un contacto activo con el cliente/visitante?

En un sitio de comercio electrónico es esencial mantener una relación activa con el cliente o visitante para aumentar el flujo de visitantes y en consecuencia las ventas. ¿Cómo hacer esto? E-mails, por supuesto. Pero, como se ha dicho, haga esto sólo con el permiso del usuario.

La primera ley de comercio electrónico

Si el usuario no puede encontrar el producto, no lo comprará. La capacidad para moverse en un sitio Web es muy importante para la facilidad de uso pero los componentes principales buscar y encontrar son los responsables de más de un tercio de las dificultades de los usuarios que hacen esto.

USABILIDAD

46 consejos comentados sobre usabilidad en los sitios Web

Logo: ¿dónde estás?

El logo del sitio debe estar en un lugar destacado, preferentemente en la parte superior izquierda que es la más común. Debe contener un enlace a la HOMEPAGE (Página principal) de su sitio Web. En un sitio con muchas páginas, si el usuario se pierde él sabe que haciendo clic en el logo volverá a la página principal y podrá empezar de nuevo. También es importante mantener la misma posición del logo en todas las páginas del sitio.

Ventanas pop-up: líbranos de este mal

Iremos al grano: las ventanas pop-up son molestas, intrusivas y desvían la atención del usuario de los elementos más importantes del sitio. Si usted quiere llamar la atención de su visitante, sea más creativo y utilice otros recursos. Haga un bien común para todos los que somos usuarios de Internet y no utilice ventanas pop-up en su sitio Web.

Un punto de partida

Debe crear un punto de partida destacando las funciones más importantes en su sitio. De hecho, este ítem sirve para todas las páginas ya que cada una puede tener un asunto importante diferente de las demás, si bien este aspecto es más crítico en la página principal de su sitio Web.

Slogan: simple y objetivo

Debe crear un eslogan para su sitio que resuma en pocas palabras lo que ofrece al visitante. Evite la creación de frases fantásticas como "Creando un Mundo Mejor" o "Transformando la vida de las personas." Eso suena falso y forzado. Ser objetivo es tan sencillo como poner algo así: "SEGUR-AR: Especializados en el ramo de seguros para empresas." ¿Ve lo fácil que es?

Título de página

La misma regla del slogan sirve para el título principal de la página. Resuma en pocas palabras lo que el visitante encontrará en la página en cuestión. Asimismo, no pierda espacio aquí poniendo cosas inútiles como "HOMEPAGE". Después de todo que queda mejor: ¿"SEGUR-AR: HOME" o "SEGUR-AR - Especializados en seguros para empresas"?

Nombre de la empresa o nombre del sitio en el título

El título de la página debe comenzar con el nombre del sitio o la empresa, ya que este título es el que queda en la lista de FAVORITOS de los navegadores.

Resalte la página principal

Usted debe dejar bien claro cuál es la página principal del sitio haciéndola un poco diferente de las demás pero manteniendo la unidad con el todo. Recuerde que su página principal es su "PORTADA DE REVISTA", su "PRIMERA PÁGINA", ella es la página más importante del sitio por lo que debe darle una atención especial a la misma.

Contacto

Usted debe incluir necesariamente un "Contacto" o "Hable con nosotros" y mantenerlo en lugar visible. Evite un botón "PARTICIPAR" para llevar a la página de contacto. "Participar" confunde al visitante, ya que implica que este enlace forma parte de una promoción o encuesta. Recomendamos "contacto" o "hable con nosotros" porque los usuarios ya están familiarizados con estos términos.

Después del contacto, continúe manteniendo *contacto*

El visitante accede a su página de contacto, escribe su comentario, opinión u otra cosa, introduce su correo electrónico, hace clic en enviar y... no pasa nada. Aparece una página en blanco en el navegador donde se ve en la parte inferior izquierda del navegador escrito "CONCLUIDO". Pregunta: ¿El mensaje ha sido enviado con éxito o ha dado un error y su sitio Web no lo trató? Por favor, incluya una página de retorno a su página de contacto indicando lo que pasó. Si todo ha ido bien responda con "El mensaje ha sido enviado con éxito. GRACIAS POR SU VISITA", si dio error, incluya en la página de respuesta un correo electrónico para ponerse en contacto con el administrador para ver por qué los mensajes no están llegando.

Las cinco principales causas de los fallos de los usuarios

- Búsqueda e Investigación

- Arquitectura de la Información

- Contenido

- Información del Producto

- Flujo de trabajo

Respete a su VISITANTE

OK, usted incluyó en su sitio Web el famoso botón "Contáctenos" en un lugar muy destacado, el visitante envió el mensaje y recibió como respuesta una página que indica que el mensaje se envió con éxito y después de todo este trabajo, del visitante y suyo (que construyó todo esta rutina), simplemente no contesta a los mensajes. Por favor, no haga esto. Respete a su visitante CONTESTANDO todos los mensajes enviados.

Política de privacidad

Si usted solicita o almacena información de sus visitantes de alguna manera debe dejar clara su política de privacidad y cómo se utilizará dicha información. Por supuesto, debe tratar de cumplir lo que promete en su política de privacidad.

Barra de navegación

Si su sitio tiene una barra de navegación principal es bueno mantenerla en un lugar destacado y que esté presente en todas las páginas del sitio.

Links claros y objetivos

¿Está claro para el visitante a donde lo llevará el link antes de hacer clic en él? Si no lo encuentra así, entonces es el momento de repensar las nomenclaturas de sus enlaces.

Links inútiles

No incluya o mantenga un enlace a la página en sí. Si usted tiene una barra de navegación principal con, por ejemplo: home, pedido, contacto, descarga... cuando el usuario esté en la home, por ejemplo, el enlace no debe estar activo. Esto confunde a los visitantes y debe ser evitado.

Los enlaces a otros sitios: siempre en otra ventana

Los enlaces que salen de su sitio Web deben abrirse en otra ventana. Esto facilita la navegación y que el visitante vuelva a su sitio.

Navegación objetiva

Como regla general, todas las páginas de su sitio Web no deben estar a más de 3 clicks desde cualquier parte del sitio. En sitios muy grandes puede ser un poco difícil conseguir este resultado pero recuerde que el usuario de Internet quiere objetividad y no tiene mucha paciencia para seguir buscando por mucho tiempo lo que quiere. Si la navegación es demasiado complicada, simplemente el usuario se irá a otra página.

Dos horas más tarde...

Evite utilizar animaciones largas o, si es posible, simplemente no use animaciones. Cuántas veces nos encontramos con sitios en donde el visitante en vez de empezar a prestar atención a sus productos y servicios, se encuentra observando la molesta palabra "Cargando...". Animaciones milagrosas pueden ser estupendas para mostrar a sus amigos y poner de manifiesto sus cualidades técnicas pero no le recomendamos su uso en sitios Web.

Dos horas más tarde... Parte 2

Usted debe controlar muy bien el tiempo de descarga de las páginas de su sitio Web. Como regla general, el tiempo de descarga de una página no debe ser mayor que 8 segundos. Entre 1 y 3 segundos es óptimo, entre los 4 y 8 segundos es aceptable, por encima de eso, usted debe reconsiderar si los recursos disponibles en la página compensarán una posible pérdida de visitantes.

Libro de visitas

El libro de visitas fue un recurso utilizado con frecuencia en los primeros tiempos de Internet pero hoy en día están en desuso. Si usted no desea que su sitio parezca poco profesional, entonces NO INCLUYA LIBRO DE VISITAS en su sitio Web.

No usar frames

No recomendamos el uso de marcos en su sitio Web. La navegación en Webs con marcos puede ser confusa si el sitio no fue muy bien planeado y también porque los marcos no son muy bien "digeridos" por los motores de búsqueda.

Mapa del sitio: si se planea bien puede ser útil

¿Su página Web realmente necesita un MAPA DEL SITIO? Usted debe pensar con calma al responder a esta pregunta y sólo incluir esta opción si realmente va a agregar facilidad de navegación y búsqueda a su sitio Web. Si está bien planeado realmente puede facilitar la obtención de información en su sitio.

¿De dónde viene el dinero?

Cada sitio Web tiene que pagar sus cuentas ¿no? Así que deje claro cómo es la rentabilidad de la página Web si esto no estuviera muy claro.

Función de búsqueda

Esta es otra característica que sólo puede estar presente si es realmente útil a su sitio. No incluya esta característica sólo para estar "en la moda" o para mostrar a sus visitantes que su sitio es "profesional". Si incluye una función de búsqueda debe realizar la búsqueda sólo dentro de su sitio. NUNCA incluya una función de búsqueda para la Web. Los usuarios utilizarán los sitios especializados para esto.

Internet e Intranet no se mezclan

Si su empresa tiene un sitio comercial, no incluya información interna de la empresa en el sitio comercial. La información interna de la compañía debe quedar en la intranet. Las mezclas de dos cosas sólo servirán para confundir a los usuarios.

Ventana de bienvenida: nunca

Esa fue otra de las características de uso frecuente en los sitios más antiguos y que también cayó en desuso. No pierda el tiempo o la paciencia de sus visitantes con páginas de bienvenida. Vaya directo al grano.

Actualización automática de páginas: de ninguna manera

Salvo en raras excepciones, no se debe utilizar la función automática de actualización de la página. Eso sólo es "valido" en sitios con cambios frecuentes en su contenido. Como este no debería ser su caso, olvídelo.

El espacio es caro

Tenga una cosa clara en su mente: un sitio Web es un espacio sagrado y valioso para difundir ideas, personas, empresas, productos y servicios. No utilice el espacio de su página Web para incluir información de terceros, a menos que sea realmente importante, por ejemplo, para mostrar que el sitio es seguro. De lo contrario, no pierda el espacio. Nadie quiere saber quién hizo el sitio o que tecnología fue utilizada.

Regístrese

Todos hemos visto este ítem en sitios, comerciales o no. Lo que por lo general no está claro es: ¿para que debo registrarme? Si se incluye esta función en su Web, en primer lugar, deje claro qué ventajas tiene para el visitante. En lugar de "Regístrese" vaya directo al punto y utilice un término que se explique por sí mismo como "Boletín", por ejemplo.

Publicidad 1

Para muchos sitios, este es un recurso necesario para rentabilizar el negocio y hacerlo viable. Lo importante es dejar claro lo que es publicidad y lo que es parte del contenido del sitio. Si asigna a la publicidad espacios no convencionales, deje claro a los visitantes que el espacio es publicidad. De lo contrario, los visitantes pueden hacer clic en el anuncio pensando que es parte del contenido del sitio y terminar cayendo en otro sitio, lo que genera frustración. Es bueno mantener un estándar de localización de publicidad en todas las páginas ya que si cada página del sitio Web tiene un área diferente para la publicidad, la navegación y la claridad estarán comprometidas.

Publicidad 2

No asigne publicidad a los elementos prioritarios de la página. Esto va a desviar la atención y a provocar confusión al visitante. Después de todo, ¿desea que el visitante vea el contenido ofrecido o haga clic en los anuncios? Dependiendo del sitio Web, creo que algunos lectores incluso prefieren la segunda opción, ¿no es así?

Menús desplegables: utilícelos con precaución

Pregunta: ¿Los menús desplegables son eficaces en términos de navegación? Tenemos serias dudas. Se ven menús desplegables con pocos elementos y sería mejor colocar esos elementos en una columna a la izquierda, como es más utilizado. Nuestra recomendación es: piense bien si su sitio Web necesita esta función.

Acerca del diseño

Trate de evitar un diseño cargado o "pesado" para sitios comerciales. También hay que tener un buen contraste entre el texto y el fondo para facilitar la lectura. El más utilizado es el texto negro sobre fondo blanco. Si va a montar la página Web de su banda de rock, quizás este tema se pueda obviar.

¿Es un sitio o una animación?

Como regla general, no debe animar los gráficos más importantes como logotipo, lema o título. Además de desviar la atención de los visitantes, pueden incluso confundir sus animaciones con publicidad.

Plano de fondo

Evitar planos de fondo con gráficos que puedan obstaculizar la lectura del texto. Muchos sitios utilizan gráficos marca de agua como fondo. Por favor, no haga esto. La claridad del texto es esencial para la asimilación de los contenidos.

Gráficos y contenido

Trate de añadir contenido a sus gráficos cuando sea posible. Dado que los gráficos son esenciales y ampliamente utilizados en los sitios Web sí se puede incluir contenido en ellos, mejor. Al usar gráficos como enlaces, tenga cuidado de que no se parecen a la publicidad.

Gráficos pesados

Tenga cuidado con los gráficos muy pesados que hacen que la descarga de la página sea muy lenta; pueden espantar a muchos visitantes.

Agrupar ítems similares

En base a la lista de navegación, agrupar elementos similares significa reducir el número de opciones y por lo tanto facilita la navegación y hace que el visitante piense menos en donde se encuentran las cosas.

Tenga cuidado con los iconos de navegación

Evite el uso de iconos cuando un enlace de texto simple resuelve el problema. Aunque el uso de iconos puede hacer la página más bella en contrapartida puede hacer la navegación más confusa. Utilícelos con criterio.

Gifs animados

No abuse de las animaciones en una sola página. Los principiantes suelen ser entusiastas y cargan sus páginas con muchas animaciones. Esto puede hacer la página muy confusa y pesada y va a distraer la atención del visitante a los elementos que pueden no ser tan importantes en la página. Haga optimización de sus gifs animados para que no pesen demasiado. Las herramientas especializadas proporcionan buenos recursos para la optimización de gifs animados. Evite la creación de gifs con intercambio de imágenes muy rápido ya que esto podría causar problemas para algunos visitantes.

Mapa de imágenes

El mapa de imágenes es un recurso muy utilizado en la Web y puede ser útil en ciertas aplicaciones, por ejemplo, un mapa, donde el visitante selecciona una ciudad para ver las sucursales de una empresa en particular en esa localización. Antes de implementar, piense si un esquema de navegación clásico no es mejor para su visitante.

Cajas de texto

Las cajas de texto deben ser lo suficientemente grandes para que el usuario vea la mayor parte del texto que se puede introducir. Si es posible ponga a disposición de los visitantes cuadros de texto con espacio para 25 o 30 caracteres.

Herramientas

No incluya herramientas o funcionalidades en el sitio Web que pertenecen a los navegadores, tales como el registro como favorito o hacer que su página se muestre en la página de inicio del navegador. Si el usuario lo necesita, sabe cómo hacerlo.

Opiniones de clientes

Si es posible, haga una encuesta a los clientes que ya han consumido sus productos o servicios y utilícela (con su permiso) para mostrar a otros visitantes la opinión de los que ya son sus clientes. Esto puede ayudar a convertir un visitante en cliente.

Newsletter

El newsletter o boletín es un recurso muy utilizado en la Web hoy en día y, bien planificado, puede aumentar significativamente el flujo de visitantes a su sitio. Antes de la implementación de su boletín de noticias debe tener claro los siguientes puntos:

- Una vez elegido el tema, mantenerse fiel a él

- Ofrecer contenidos de valor

- Definir claramente la frecuencia (quincenal o mensual, por ejemplo)

- No tratar de vender directamente a través del newsletter

- Si lo va a interrumpir, no hacerlo bruscamente. Informar antes a los suscriptores

Las técnicas de publicidad más odiadas

De acuerdo con una encuesta realizada por John Boyd, gerente de investigación de las plataformas de Yahoo, y Christian Rohrer, director de encuestas de usuarios de eBay, las técnicas de publicidad más odiados son:

Elementos de diseño	Respondieron negativamente
Ventanas pop-up	95%
Carga lenta	94%
Tratar de conseguir que haga clic en él	94%
No tiene un botón de cierre	93%
Cubre lo que está tratando de	93%

ver	
No informa de su propósito	92%
Mueve el contenido	92%
Ocupa la mayor parte de la página	90%
Parpadea intermitentemente	87%
Fluctúa en la pantalla	79%
Reproducción de sonido automáticamente	79%

Pida información en el momento adecuado

Obviamente, si usted envía un producto a un cliente, es necesario solicitar los datos para la entrega en un momento dado y las personas no tienen ningún problema en proporcionar esta información en una etapa apropiada de la relación. Pero si estas no pueden entrar y navegar por un sitio Web sin proporcionar información personal, en general, van a dejarlo de inmediato.

Formularios con formato incorrecto

El descuido en el formato de un formulario para el llenado de datos es un punto que puede llevar a los usuarios a cometer errores. Cuando los campos están mal organizados es difícil para el usuario identificar que etiqueta es la que acompaña a un componente. Componentes bien alineados ayudan a las personas a reconocer grupos y a entender su relación.

Fuentes comunes preinstaladas en la mayoría de los navegadores

Arial	Legible en tamaños razonables. Buena fuente en 10 puntos o superior.
Georgia	
Comic Sans MS	
Courier New	
Impact	
Arial Black	
Times New Romam	

| Verdana | La fuente online más visible, incluso en tamaño pequeño. |

MARKETING Y GESTIÓN EMPRESARIAL

¿Qué es el marketing?

En el día a día, es común escuchar la palabra de marketing como sinónimo de varias cosas no muy halagadoras:

- "¡Aquel político no hace nada de lo que promete! ¡Todo lo que dice es puro marketing!"

- "Ellos hacen mucho marketing de ese bizcocho pero cuando lo vas a comer es asqueroso"

- "Vivimos en un mundo tan lleno de marketing que se acaba comprando lo que no es necesario!"
- "¡Fue marketing la elección de ese candidato!"

- "¡Deje de hacer marketing! ¡Usted no es tan bueno como dice! "

Por falta de información, las personas terminan ligando la palabra marketing a cosas negativas, engañosas e inútiles. No hay nada malo. Vamos a un poco de historia para entender mejor el tema.

Un poco de historia

Hasta poco antes de la revolución industrial, en la segunda mitad del siglo XIX, había una gran cantidad de productos para comprar. La producción era básicamente artesanal y personalizada. Si una persona necesitaba un zapato o una chaqueta, necesitaba hacer el pedido al artesano local que hacía ese trabajo. Él, a su vez, tenía una demanda garantizada, ya que tenía poca o ninguna competencia, por lo que no se molestaba en adquirir nuevos clientes. Pocas personas tenían acceso al consumo y menos aún tenían talento para producirlos. Era suficiente hacer un trabajo bien hecho y pronto. Su futuro estaba asegurado.

Con la llegada de las máquinas, que comenzaron a producir objetos y bienes en serie, las cosas empezaron a cambiar un poco. Los artesanos ya no eran los "dueños del mercado" pues la industria suministraba a la población sus productos toscos y ligeramente variados pero a un precio más asequible. El siglo XX ha hecho posible la fabricación de una realidad. Las opciones eran pocas y, Henry Ford, fabricante del primer coche popular, el Ford T, hizo famosa la frase que describía cómo la industria veía a los compradores, "La gente puede elegir el color del coche que quiera, siempre y cuando sea negro". Sólo después de la Segunda Guerra Mundial el creciente número de fábricas y productos fabricados industrialmente hacen aparecer la figura de la competencia convirtiéndola en una realidad. Ahora ya no hay sólo una marca de coches, camisetas o mantequilla para comprar. La elección comenzó a ser posible y sólo entonces los fabricantes comenzaron a pensar en cómo atraer a los consumidores, las maneras de lograr sus deseos, maneras de convertir su producto en el preferido, en detrimento de su competencia. Es entonces que surge el término de marketing. El hecho de que este concepto sea tan nuevo tal vez podría explicar porque es tan mal entendido y porque provoca tanta confusión en las mentes de las personas. Vamos a ver las palabras que se relacionan con el tema.

Pero después de todo, ¿qué es el marketing?

Ok, ahora ya sabemos lo que motivó la aparición de este concepto. Pero ¿qué es realmente? Véase la definición clásica de Philip Kotler, considerado por los profesionales como un "gurú" en el asunto:

El marketing es un proceso social y administrativo por el cual individuos o grupos obtienen lo que necesitan y desean a través de la creación, oferta e intercambios de productos de valor con otros.

Marcos Cobra describe el marketing de la siguiente manera:

"El marketing es una expresión anglosajona derivada de la palabra Mercari, del latín, que significa comercio, o acto de comprar, comercializar o transaccional."

Pero cuando usted lee estas definiciones, no se siente tentado a pensar, "Oh, yo sabía que marketing era sólo un nombre más sofisticado para la buena vieja técnica de vender..."

Deténgase, no se apresure a sacar conclusiones apresuradas. La diferencia clave está en el enfoque. Está claro que son cosas diferentes en la definición del profesor Theodore Levitt, en un estudio de la Universidad de Harvard:

La venta se centra en las necesidades del vendedor, el marketing, en las necesidades del comprador. La venta está preocupada con la necesidad del vendedor de convertir su producto en dinero en efectivo; el marketing, con la idea de satisfacer las necesidades del consumidor por medio de un producto y de un conjunto de valores asociados con la creación, entrega y, finalmente, su consumo.

Otra resolución tal vez esclarezca mejor el concepto:

Marketing es el arte planeado de conquistar, encantar y retener a los clientes.

Entonces ¿nadie tiene que preocuparse en vender?

Está claro que es necesario vender, de eso es de lo que vive la empresa. Pero eso no es de lo que se trata el marketing. Es que el concepto de venta presupone que el consumidor muestra cierta resistencia a comprar y necesita ser persuadido para hacerlo. Las empresas que centran toda su energía en la venta de esta manera tienen el propósito de vender todo lo que pueden producir en lugar de vender todo lo que el mercado quiere. Vea como Peter Drucker, uno de los teóricos más importantes de la administración ve esta cuestión:

"Se puede suponer que siempre habrá una necesidad de alguna venta. Pero el propósito del marketing es hacer la venta superflua. Es conocer y entender al cliente para que el producto se adapte a él y se venda solo. Idealmente, el marketing debe dar lugar a un consumidor que está dispuesto a comprar. Entonces apenas será necesario hacer que el producto o servicio esté disponible... "

Conceptos de marketing que necesita saber

Recuerde que la definición clásica de marketing dada por Philip Kotler hablaba de necesidades y deseos. Pero ¿cómo se tratan estas palabras en el contexto del marketing? Vea:

- **PRODUCTO**: desde el punto de vista del marketing, el producto es todo aquello que puede satisfacer los deseos y necesidades de un cliente. También se puede llamar el producto de oferta o solución. El producto consta de tres componentes: bien físico, servicio e idea. Cuando se compra un bocadillo, por ejemplo, usted está comprando un bien físico (el sándwich en sí), un servicio (la preparación y el lugar para comerlo) y una idea (comida rápida, ahorro de tiempo). Cuando se compra un coche, el bien físico es el coche, el servicio (transporte) y la idea (la autonomía, la individualidad, el sentido práctico).

- **NECESIDAD**: en 1943, el psicólogo Abraham Maslow Harold publicó un trabajo que se dio a conocer en todo el mundo que describía las necesidades humanas a través de una pirámide. Maslow definió las necesidades fisiológicas (hambre, sed, abrigo), de seguridad (supervivencia física), de relación (la aceptación por el medio y el sentido de importancia), la autoestima y el estado (pertenencia, reputación, dominio, prestigio) y por último, la auto-realización (el deseo de conocer, comprender, organizar, sistematizar y construir un sistema de valores). El estableció, además, que las necesidades fisiológicas (la base de la pirámide) dominan el comportamiento de la persona hasta que están satisfechos, entonces el segundo se convierte en dominante hasta que esté satisfecho y en este orden hasta la última. Las necesidades no son creadas por las empresas o por la sociedad, son inherentes a la condición humana.

- **DESEOS**: los deseos son carencias de satisfacciones específicas para atender las necesidades. Así, si una persona tiene hambre, su necesidad es sólo comida. Sin embargo, un americano típico, por ejemplo, cuando tiene hambre, puede pensar en una hamburguesa. Un monje tibetano pensará en algunas frutas, arroz y lentejas. Cuando compra un coche, se puede pensar que la persona está suprimiendo una necesidad de transporte pero en realidad ella también quiere ser aceptada por un cierto grupo o demostrar su estatus social, quiere ser admirado. Las necesidades humanas son pocas pero sus deseos son muchos. Y ellos están influenciados con fuerza por instituciones sociales: cultura, religión, familia, escuela, amigos, etc. El marketing trabaja principalmente con los deseos.

- **DEMANDAS**: las demandas son deseos de productos específicos respaldados por la capacidad y la voluntad para comprarlos. Así, en lugar de querer unos sencillos tenis para practicar deporte, una persona quiere unos Nike. Muchas personas desean un Mercedes pero muy pocos pueden realmente comprarlo. Así que la empresa debe calcular la demanda de su producto basada en el número y en el perfil de las personas que desean sus productos y que pueden pagarlos.

- **MERCADOS**: el mercado está formado por todos los consumidores potenciales que comparten una necesidad o deseo particular y tienen condiciones para la compra de un producto que las satisfaga. Así, para ser considerado mercado, un grupo de consumidores necesitan tener el deseo, las condiciones financieras y la voluntad de comprar el producto. Así podemos hablar sobre las necesidades del mercado (por ejemplo, el mercado de los zapatos), demográficos (por ejemplo, mercado de los adolescentes) y geográfico (por ejemplo, el mercado nacional).

- **PUBLICO-OBJETIVO**: ninguna empresa puede satisfacer todos los deseos y necesidades en todos los mercados. Por lo tanto, conocer bien al consumidor y adivinar lo que a él le gustaría tener y satisfacer sus deseos y necesidades, es necesario para que se delimiten los mercados. Sólo entonces la comunicación alcanzará sus metas, utilizando el lenguaje que entienden los consumidores y atendiendo sus deseos particulares. Así, el público-objetivo siempre está delimitado y tiene un perfil bien definido. Por ejemplo, la nueva línea de barras de labios está diseñada para mujeres mayores de 30 años, independientes, de buen nivel cultural y financiero. Las bermudas de una marca atienden a adolescentes, de clase media alta y practicantes de deportes de riesgo.

- **VALOR**: el valor tiene que ver con la forma en que el consumidor evalúa los beneficios que un determinado producto puede traerle. Una persona necesita vestirse para abrigarse entonces tiene varias opciones para elegir: camisas, blusas, chaquetas, etc. Pero a ella le gustaría satisfacer otras necesidades como la comodidad, la economía, la belleza, la sofisticación, la calidad. Una camisa barata ofrece economía pero no belleza y sofisticación. Además, al no tener calidad, se reducirá su durabilidad. La persona pesará lo que es más importante en ese momento. Dependiendo de su situación financiera, social y emocional, elegirá la opción que se ajuste a sus necesidades con el menor coste posible. Si lo más importante fuera su integración en un grupo social, la calidad y el status que la camisa puede proporcionarle será más importante y la persona puede decidir que la camisa que ha escogido tiene valor, aunque su precio sea absurdamente más caro. Esto explica por qué algunas personas pagan fortunas por objetos que aparentemente no valen la pena. Es debido a que el valor es un concepto subjetivo, dependiendo de cada persona y su contexto.

- **POSICIONAMIENTO**: el posicionamiento es literalmente la posición que una empresa o producto ocupa en la mente de un cliente. La palabra se popularizó con esta connotación por dos ejecutivos de publicidad, Al Ries y Jack Trout. Ellos argumentan que, cuando una marca tiene una posición clara en la mente del cliente, difícilmente otro consigue robar su lugar. Hay varias estrategias para hacer esto y ser recordado: la primera es el fortalecimiento de su posición actual. Así, por ejemplo, Coca-Cola asume la posición de la mayor fábrica de refrescos del mundo. La segunda estrategia es buscar una posición desocupada pero valorado por un nicho de consumidores. De este modo, la compañía de cosméticos Natura se diferencia cuando se muestra ecológica y socialmente responsable en la selección de sus proveedores de materias primas en la selva amazónica. Como ninguna otra empresa mostró eso, Natura se convirtió en una referencia en este segmento. Hay otras estrategias y todas dependen intrínsecamente de las características del producto o empresa y del público objetivo. Una empresa puede, por ejemplo, posicionarse para un atributo específico (por ser la más antigua, la más grande, etc.), por el beneficio (una barra de labios puede ser la única con gusto a fresa), por usuario (la mejor lavadora para personas solteras o familias pequeñas), un competidor (la leche que tiene más vitaminas que todos sus competidores), por categoría (la mejor institución de enseñanza de geografía del país), etc.

Así que vamos a ver lo que es el marketing:

- Un instrumento de gestión valioso.

- Un proceso dinámico que resulta de acciones integradas.

- Una técnica que combina una serie de instrumentos para estimular la demanda.

- Un proceso que comienza mucho antes de que el producto es fabricado por medio de estudios de mercado y planificación.

- La identificación de los deseos y las necesidades humanas.

- La divulgación de características positivas, ventajas y beneficios de un producto.

- Una filosofía de gestión integrada que consiste en entender el mercado y satisfacer sus necesidades, anhelos y deseos.

- Todo lo que se hace para colocar un producto adecuado en el lugar correcto en el momento adecuado.

- Una necesidad para cualquier organización, de cualquier tamaño, en cualquier campo de actividad.

Lo que el marketing no es

Bueno, ya percibimos, a partir de los conceptos vistos hasta el momento, que el marketing no encaja mucho en esas frases vistas anteriormente en este libro. Hagamos ahora un resumen sobre lo que el marketing no es, de acuerdo con un orador conocido especializado en el marketing para ingeniería:

- Mentir acerca de un producto para hacerlo más interesante no es marketing.

- Omitir información relevante pero que pesa en contra de la comprar no es marketing

- Engañar al cliente no es marketing.

- Invertir en publicidad y propaganda sin preocuparse por la calidad de los productos, su precio, la distribución en el mercado, las personas, los procesos involucrados y postventa no es marketing.

- Exagerar al describir las ventajas y beneficios no es marketing.

- Ofrecer sobornos para obtener una ventaja competitiva no es marketing.

- Explotar despiadadamente una desgracia ocurrida con un competidor no es marketing.

- Hablar mal de los competidores (incluso cuando se trata de la más pura verdad) no es marketing.

- Hacer chantaje (de cualquier tipo) no es marketing.

- Hacer presión emocional o psicológica sobre los clientes no es marketing.

- La arrogancia no es marketing.

- Hacer cualquier cosa con fines de lucro a cualquier precio no es marketing.

Y más:

- Marketing no es publicidad.

- Marketing no es engaño.

- Marketing es mentir.

- Marketing no es disimular.

- Marketing no es un remedio milagroso que resuelve

todos los problemas.

- Marketing no es sinónimo de ventas.

Las variables de marketing

Como hemos visto, el marketing está siempre enfocado a la satisfacción del cliente. Pero para que eso suceda es necesario hacer estudios de mercado. El objetivo es descubrir la dimensión del universo de personas que desean y pueden comprar el producto que está vendiendo o, en un enfoque de planificación, descubrir las necesidades y deseos del grupo de personas que queremos alcanzar.

Así, además de los hábitos de las personas con quienes se desea mantener relaciones empresa-cliente también es importante conocer a los competidores, lo que tienen de peor y mejor y por qué los consumidores eligen el producto de esa compañía en detrimento de otro. Las variables de marketing también son los elementos dinámicos que pueden afectar a las relaciones de la empresa con sus clientes.

Las variables de marketing pueden ser de dos tipos:

Variables internas

Estas variables, también llamadas controlables, pueden ser administradas por la organización, de acuerdo con sus propósitos. Como ejemplos podemos citar el precio, las características de un producto, los puntos donde ese producto será distribuido, entre otros Para un análisis completo es importante verificar los puntos fuertes y débiles (fuerzas y flaquezas) de esas variables para que se pueda planear su combinación más efectiva.

Variables externas

Esas variables no son controlables pues no compete a la empresa modificarlas. En este caso las variables deben ser cuidadosamente monitoreadas. Son también conocidas como amenazas y oportunidades justamente por ofrecer esos dos polos: un acontecimiento no controlable que bien monitoreado y planeado, se puede transformar en una gran oportunidad. Una probable amenaza puede tener sus efectos destructivos minimizados si es prevista y está bien planeada Algunos ejemplos de variables externas son:

- *Entorno demográfico*: informaciones como el tamaño y la tasa de crecimiento de una población determinada, distribución por edades, composición étnica y de género, nivel de educación, nivel de vida o cambios geográficos pueden ser importantes para el desarrollo, distribución y comercialización de un producto en particular.

- *Entorno económico*: para vender es necesario que el público objetivo tenga capacidad de compra lo cual depende, a su vez, de la situación económica del país o región, la disponibilidad de crédito, la distribución de la renta, etc. Las empresas de bienes de lujo invierten mucho en este tipo de investigación. Es así como se escoge el lugar donde se abrirá una tienda de lujo.

- *Entorno natural*: se identifican cuatro tendencias principales del entorno natural que deben ser tomadas en cuenta en cualquier estrategia: la escasez de materias primas, el aumento del coste de la energía, el aumento de los niveles de contaminación y la evolución del papel de los gobiernos en relación con la protección del medio ambiente. Ejemplos: envases desechables y electrodomésticos que ahorran energía.

- *Entorno tecnológico*: el profesional de marketing debe ser consciente de las siguientes tendencias: la aceleración del cambio tecnológico, las oportunidades ilimitadas para la innovación, la variación en los presupuestos de I + D y el crecimiento de la legislación sobre los cambios tecnológicos.

- *Ambiente político y legal*: las decisiones de marketing pueden estar afectadas por las leyes, las decisiones de los gobiernos y grupos de presión. Ejemplos: hace unos años las leyes de tráfico obligaron a todos los coches a poseer triángulos de seguridad. Los fabricantes de estos equipos con conocimiento se prepararon para la demanda de antemano y lograron un montón de dinero.

- *Entorno socio-cultural*: el entorno sociocultural afecta profundamente a las decisiones de compra ya que la elección de un determinado producto tiene un fuerte componente emocional. Por lo tanto, las relaciones de la gente con ellos mismos, con los demás, con las organizaciones, con la sociedad, con la naturaleza y el universo pueden promover u obstaculizar la vida de un producto o empresa. Hay otras características importantes que deben tenerse en cuenta: la alta persistencia de los valores culturales centrales, la existencia de sub-culturas (por ejemplo, pre-adolescentes, personas mayores, etc.) y los cambios de los valores culturales secundarios en el mundo occidental.

- **Ejemplos**: el fenómeno del consumismo adolescente causado por los padres que se autoculpan por no pasar suficiente tiempo con sus hijos dio lugar a una explosión de marcas y productos dirigidos a este público.

Además de estos, hay otros factores que deben ser considerados:

- **COMPETENCIA**: es importante saber lo que está haciendo la competencia, sus fortalezas y debilidades. La competencia estimula el crecimiento y la evolución.

- **CONSUMIDORES**: cuanto más conocido y detallado esté el perfil del consumidor más probable será el éxito en la comunicación. Es importante hablar un idioma que los consumidores entiendan, que se adivinen sus deseos y necesidades.

- **PROVEEDORES**: los proveedores siempre deben ser vistos como socios, porque de ellos depende mucho el éxito del producto. La monitorización de las entregas, plazos y calidad son muy importantes. Como proveedores de servicios, los distribuidores también pueden ser considerados en este grupo.

La investigación de mercados

Es importante destacar que la investigación es un elemento indispensable para el marketing. Luego, los propietarios de pequeñas empresas y consultores independientes imaginan que el

59

marketing es una cosa de los grandes negocios que pueden permitirse los considerables costes de un trabajo de investigación. Pero no tiene por qué ser así. La investigación de mercados también se puede hacer de manera informal, hablando con algunos clientes, tratando de conocer sus impresiones. También hay un montón de información útil en los periódicos, en Internet, en revistas, en todo. Simplemente hay que tener ojos para ver.

La mezcla de marketing

La mezcla de marketing (marketing mix), o compuesto de marketing como también se le conoce, se compone de una combinación de instrumentos utilizados para planear la estrategia que la compañía utilizará para lograr sus objetivos.

El término marketing mix fue acuñado por primera vez por Neil Borden en 1953 (Balmer y Soenem, 2001). El identificó 12 elementos que intervienen en la gestión del marketing:

1. Planificación del producto;

2. Precio;

3. Marca;

4. Distribución;

5. Ventas Personales;

6. Publicidad;

7. Promoción;

8. Embalaje;

9. Muestrario;

10. Servicios;

11. Manipulación física;

12. Investigación de Mercado.

Según Kotler, Jerome McCarthy popularizó en 1996, una clasificación conocida como las cuatro P: Producto, Precio, Punto de venta (distribución) y Promoción. Hoy en día, hay quienes sostienen la presencia de 10 Ps, a saber:

1. Producto

2. Precio

3. Promoción

4. Punto

5. Personal

6. Pos-Venta

7. Protección (legal)

8. Proveedores (suministradores) y

9. Pesquisa o investigación de mercados.

Independiente del número de Ps o de cualquier otra letra, es importante tener en cuenta todas las herramientas que pueden ayudar en la planificación. Aquí describiremos las más famosas:

PRODUCTO

La definición correcta del producto es un punto esencial e importante. Más importante que saber lo que la empresa está vendiendo es saber lo que los consumidores están comprando. Así que una empresa no vende taladros porque nadie compra taladros. La gente compra agujeros, los cuales son sus necesidades. Si hubiera cualquier otra cosa que también hiciera agujeros, además de un taladro, ellos lo podrían comprar. Cuando una persona paga una cantidad enorme por una camiseta blanca ella no está comprando una pieza de ropa. Ella está comprando status, admiración, la inclusión en un grupo selecto. Ahora piense: ¿qué es lo que realmente compra su cliente? ¿Qué está realmente vendiendo?

PRECIO

Contrariamente a lo que pueda parecer el ajuste de precios no es solo una cuenta donde se consideran los insumos, los costes de fabricación, los impuestos y la rentabilidad. Por supuesto, que todo esto también se tiene en cuenta pero la percepción de valor que el cliente tiene del producto debe ser considerado con mucho cuidado. A menudo, el precio demasiado barato hace que el producto pierda su credibilidad. En marketing la lucha no es ofrecer un precio más bajo sino ofrecer un mayor valor para el cliente o mejor relación calidad-precio. Si usted tiene un precio bajo, tanto mejor, pero la ecuación no es tan simple. ¿La gente haría cola en las tiendas Louis Vuitton en París para comprar sus bolsos si estos costaran sólo $10.00? Es claro que no. Estas personas quieren ser vistos en la cola, quieren decirle al mundo que puede comprar un objeto valioso. Compran un símbolo.

PUNTO DE VENTA (Tienda o establecimiento)

El punto de venta no es más que el lugar donde se vende el producto (o donde es comprado). En el caso del marketing mix, el lugar no es sólo el punto de venta sino toda la logística involucrada en el proceso. Si la empresa tiene un sitio Web para proporcionar información al cliente alguien debe responder necesariamente a los correos electrónicos recibidos con prontitud. Sin esto, es mejor no tener nada. Si hay un teléfono de contacto, es esencial tener a alguien cualificado para atenderlo (incluso si tiene un contestador automático, no olvide responder a los mensajes tan pronto como sea posible). Hay empresas que gastan fortunas en propaganda y cuando un cliente entra en la tienda, es desatendida. Eso es una pura pérdida de dinero.

PROMOCIÓN

Llegamos al elemento del mix marketing que más aparece y por ello es tan confundido con el propio marketing. Una de las herramientas más populares de la promoción es la publicidad. Pero la publicidad no es la única forma de que los consumidores sepan de la existencia y beneficios del producto. También existen la fuerza de ventas, el merchandising y las relaciones públicas. La mezcla de comunicación o el conjunto de herramientas utilizadas para lograr el objetivo dependerá de todas las variables antes vistas (internas y externas), del producto, del precio y de la forma de distribuir el producto y, por supuesto, del perfil público objetivo.

Por lo tanto, es lo mismo que tirar el dinero si la empresa gasta millones en un anuncio para que se emita en el prime time de la emisora líder si el público objetivo son los estudiantes universitarios de las clases nocturnas ya que no se logrará llegar a ellos. Además, la publicidad convencional no es la panacea para todos los males. O ¿alguien ha visto en la televisión o en los periódicos anuncios de venta de Rolls-Royce? Los productos caros y con un público objetivo muy específico y pequeño suelen ser difundidos y promovidos en eventos cerrados, a un coste mucho más bajo que una promoción abierta, con resultados prácticos mucho más interesantes y personalizados. Ejemplo: compradores en potencia de condominios de lujo pueden ser identificados en una encuesta y recibir una invitación a un almuerzo en un restaurante caro y exclusivo, donde el producto será presentado con toda la pompa y la elegancia que la situación requiera. En total, costaría casi lo mismo que los anuncios en la televisión en horario de máxima audiencia. Millones de personas podrían ver el anuncio pero muy pocas podrían comprar el producto. El resultado final es lo que cuenta y es necesario hablar el lenguaje del público objetivo para comunicarse con él.

MARKETING X VENTAS

Como se ha indicado anteriormente en este libro, el marketing y las ventas son dos caras de la misma moneda. El marketing aborda el punto de vista del consumidor y las ventas el punto de vista de la compañía. En principio, los dos enfoques no deben ser competidores, sino complementarios, por el bien de los clientes y de la empresa. De todos modos, si los propios consultores técnicos fueran las ventas, se recomienda un curso específico de técnicas de venta.

Desde el punto de vista del marketing, hay mucho que hacer

para ganar a los clientes y predecir sus deseos. Buscar su perfil con cuidado y precisión ayuda mucho. La otra arma, de un valor incalculable, es la consolidación de una marca fuerte.

La cuestión de la marca

Las empresas más exitosas hace algunas décadas eran reconocidas por el público y los consumidores como una extensión de la personalidad de sus fundadores. Nombres como Henry Ford, Werner von Siemens o Gottieb Daimler fueron los precursores de la era contemporánea de las grandes corporaciones. Había pocos competidores y las empresas que no tenían una identidad bien definida o una comunicación eficiente no enfrentaban muchos problemas. Cuando su fundador moría o se retiraba de la empresa, sus ideas, conceptos y estilo de gestión eran incorporados de forma natural como estándar para sus sucesores, sin la aparente necesidad de desarrollar nuevas estrategias.

Sólo en los años 20 es que las marcas comenzaron a ser citadas en el sentido que hoy conocemos. En esa época, las marcas ofrecían consistencia en la calidad, embalaje estandarizado, precios uniformes y los respectivos servicios, sin embargo, sin ninguna emoción intencional transmitida.

Después de la Segunda Guerra Mundial, sin embargo, el escenario cambió ya que las grandes corporaciones pasaron a ser identificadas por su marca, con una mayor identificación de la personalidad (no por casualidad, el adviento del concepto de marketing data de esta época también). A partir de ahí, los medios de comunicación se dispararon intensamente. Esta estrategia promovió de tal manera la implicación emocional del consumidor con las marcas que hoy observamos una gran valorización de estos nombres y signos gráficos, al punto de llegar a valores de mercado muy superiores a los ingresos brutos anuales o activos físicos de las empresas que representan.

A diferencia de las marcas de productos, que se asocian con algo físico y tangible, las marcas corporativas son más complejas. Según Simões y Dibb, "la entidad en la marca corporativa tiene un mayor nivel de intangibilidad, complejidad y responsabilidad (social), por lo que es mucho más difícil construir una marca coherente."

La marca es una garantía de un producto original y, por lo tanto, una garantía para el usuario y una responsabilidad para los fabricantes. Esta responsabilidad se materializa en tres componentes que se centran sobre el propietario de una marca en el mercado: la garantía de su responsabilidad pública como fabricante; la garantía de autenticidad contra el fraude, imitaciones, plagios y falsificaciones; y la garantía de la constancia de la calidad. Por lo tanto, es normal que el consumidor elija una marca de leche en polvo conocida a expensas de una que nunca escuchó, incluso si esta última es más barata. Si los precios son iguales, el producto sin marca establecida será muy perjudicado en la competición.

Las marcas, destaca un artículo publicado en la revista británica The Economist, solo tienen valor en los lugares donde los consumidores tienen el derecho a elegir. Es porque es menos común encontrar los esfuerzos de gestión de la marca en servicios públicos, por lo general ofrecidos sin competencia. Las marcas son en realidad herramientas que utilizan las empresas para ganar la lealtad del consumidor. Para que este objetivo se logre, se utilizan diversas técnicas, siendo la más común asociar un estilo de vida o un conjunto de ideales a la marca. El consumidor entonces llega a pagar más sólo para sentirse identificado con ella (o querer ser reconocidos por este perfil). Esta necesidad de identificación y reconocimiento, sin embargo, no se originó con la marca. En todas las épocas y pueblos, hay signos claramente identificadores de castas, condición social o religiosa, posesiones, etc., que se pueden representar por la ropa, los accesorios, pintura corporal o comportamientos.

Moon acredita que la marca es el resultado de la experiencia del consumidor: "Las marcas residen en la experiencia del usuario, un resultado de su experiencia de compra, uso y de disposición. Las marcas viven de los corazones y de las mentes de los consumidores como asociaciones emocionales, mentales y cinestésicas con el principal beneficio del producto o servicio".

Walton hace hincapié en la importancia de la marca para una empresa cuando dice: "Las marcas (...) son la manera como las empresas construyen relaciones con sus clientes y colaboradores (...) que necesitan ser alimentadas por administradores y diseñadores talentosos. Ellas tienen que ser evaluadas y renovadas (...) las personas siguen buscando relaciones gratificantes (...) "

Berger afirma: "Las marcas no son sólo nombres en los envases. Este es un punto crucial que todos los que trabajan en la empresa, del gerente de marketing hasta el presidente necesitan entender (...) las marcas son mantenidas por una relación valiosa con el consumidor (...) Una marca fuerte representa una relación entre el consumidor y el producto que se extiende además del producto por una conexión emocional significativa".

Frostell, va más allá y afirma que a la gente le encantan las marcas porque facilitan la elección en la compra, en términos prácticos y emocionales. Como las grandes marcas venden imágenes y estilos, es más fácil para la gente que se identifica con ciertos productos, ya sea por real afinidad o deseo de ascender a ese mundo o estilo de vida. Utilizando marcas cuidadosamente seleccionadas, estas personas son fácilmente clasificables (grupo social, la edad, comportamiento, etc.) externamente, satisfaciendo una necesidad de aceptación. Con los productos genéricos, hay más trabajo para transmitir una imagen o estilo tan bien definido.

La credibilidad y la reputación

Además de la marca, la credibilidad y la reputación de una empresa son factores importantes para que los consumidores puedan confiar en el producto que están comprando. Para entender mejor lo que esto significa es importante conocer tres conceptos importantes: identidad corporativa, imagen corporativa y reputación corporativa.

Identidad corporativa

La identidad corporativa es todo lo que la empresa es: el conjunto de características que, en conjunto, hacen que la empresa (o el profesional) sea única, especial, diferente a las demás.

Cuando la identidad corporativa está bien definida y comunicada tanto el mercado como el público saben qué esperar de la empresa en ciertas situaciones. Por ejemplo, si se produce un error cualquiera en un procedimiento de una empresa que transmite seriedad y ética, la primera reacción de la parte afectada es concluir que el error no fue intencional y que la cuestión se resolverá en la forma más justa para todos los involucrados. Si la empresa tiene actitudes ambiguas y su identidad no está clara, los resultados pueden ser muy diferentes: que el error fue intencional y que la empresa quiere aprovechar el hecho, que la lucha será dura hasta que los derechos sean garantizados y las pérdidas resarcidas. Pensamientos menos nobles pasarán por la mente de la gente y las consecuencias pueden llevar al incidente mucho más allá de sus dimensiones originales...

Además de la credibilidad, la identidad también sirve para definir claramente la ventaja competitiva. Hay amigos que llaman su atención haciendo algo bien: uno destaca por su capacidad de planificación y análisis de sistemas; otro es recordado como un buen administrador que sabe cómo tratar con la gente; otro es una persona servicial, siempre dispuesta a ayudar.

Con las empresas, algo similar ocurre: cuando se piensa en diseño, la primera empresa que viene a la mente es Apple Computer; ¿Quiere calidad? Mercedes-Benz; respeto al medio ambiente remite a la empresa de cosméticos Natura, y así sucesivamente.

En pocas palabras, la identidad corporativa no es más que la marca, contenido y el embalaje de toda una empresa. Y el conocimiento y dominio de esa identidad es el primer paso esencial para que la empresa pueda diferenciarse de las demás.

Imagen corporativa

La imagen no es lo que la empresa es sino lo que la gente ve. O, en otras palabras, la imagen no es lo que uno dice sino lo que otro entiende. Corresponde al interesado en transmitir la identidad el cuidado para que esta pueda ser bien entendida. Dado que no se puede entrar en las cabezas de la gente y programar sus neuronas (e incluso si pudiéramos, no sería ético), es importante evitar contradicciones e información dudosa.

Si una de las características de identidad de la compañía es servir bien este principio debe ser siempre respetado. De lo contrario, existe el síndrome del "traje nuevo del emperador": la empresa piensa que su identidad está establecida, es óptima, hermosa y bien comunicada y lo que la gente está viendo es otra cosa muy diferente.

Reputación corporativa

Así como la imagen, la reputación también está en el ojo del espectador. La diferencia es que la reputación se forma cuando el observador compara la imagen que tiene de la empresa con un modelo que considere apropiado, formando entonces un juicio de valor. La reputación está asociada con sentimientos y experiencias que el observador tiene con la empresa, una combinación de percepciones racionales y emocionales. Los estudiosos clasifican seis grupos de atributos que conforman la reputación:

- **Atractivo emocional**: cuánto es admirada la empresa, amada y respetada.

- **Productos y servicios**: como son percibidos la calidad, la innovación, el valor y la fiabilidad de los productos y servicios que una empresa vende.

- **Resultados financieros**: como son percibidos la rentabilidad, las perspectivas y los riesgos de la empresa.

- **Visión y liderazgo**: como la empresa demuestra tener un fuerte liderazgo y una visión clara.

- **Ambiente de trabajo**: la percepción de lo bien que se maneja la empresa, como es realizado su trabajo y la profesionalidad de sus empleados.

- **Responsabilidad social**: percepciones de la empresa como un buen ciudadano en sus relaciones con la comunidad, sus empleados y el medio ambiente.

Los peligros que deben evitarse

Es importante dejar claro que la identidad corporativa es un proceso continuo de auto-conocimiento y que, durante el análisis, no siempre los directivos de las empresas van a encontrar los resultados que esperan o desean. Más a menudo se encuentran con problemas de imagen y comportamiento, haciendo rugir castillos de arena que se desmoronan.

No adelanta nada la comunicación de valores falsos, creencias irreales y conceptos que no correspondan a la realidad de la empresa. El mercado es experto en detectar personalidades esquizofrénicas.

La decisión correcta cuando se enfrentan a la dura realidad es tratar de identificar los problemas y solucionarlos con el fin de ser pro-activos en el cambio de la realidad. Llegado a un nivel mínimo aceptable, sólo entonces puede comenzar la divulgación de la identidad.

PLAN ESTRATÉGICO MARKETING

Como se vio anteriormente, las actividades de marketing no se ocupan directamente de la venta del producto sino de maneras de concebirlo de modo que satisfaga las necesidades y deseos de los clientes y, al mismo tiempo, los de la compañía. El plan estratégico de marketing es un documento que ayuda a planear una estrategia para que la empresa alcance sus metas de ventas pero siempre centrado en el cliente, de acuerdo con los principios del marketing ya estudiados.

En el caso de proyectos de optimización de sistemas de automoción, sugerimos la siguiente hoja de ruta para el diseño del plan estratégico de marketing:

1. Definición del mercado objetivo.

2. Definición del producto.

3. Identificación y análisis de las fuerzas internas y externas.

4. Definición de posicionamiento en el mercado.

5. Planificación del Marketing Mix.

6. Plan de Acción.

Definición del mercado objetivo

Para obtener un perfil lo más aproximado posible del mercado que se desea alcanzar es importante delimitar al máximo las características del mercado. Por lo tanto, es interesante pensar en las siguientes cuestiones:

1. ¿El mercado para los proyectos en optimización de sistemas motrices son apenas industrias (¿De qué tamaño? ¿Con qué consumo?) o también sirven de shopping centers, centros de entretenimiento, salas de conciertos, grandes hoteles? ¿Más ideas?

2. ¿Cómo este mercado se distribuye geográficamente?

Con sólo estas dos cuestiones ya se puede concluir:

- Los perfiles de los clientes potenciales son muy diferentes y "hablan idiomas diferentes".

- Las regiones geográficas distintas también tienen características distintas que deben ser respetadas (mejor época del año para acercarse, características económicas, etc.).

Sugerencias:

Cada consultor debería elegir a un único público-objetivo en un área geográfica particular para trabajar. La técnica "propagarse" tiene un índice de eficiencia bajo y altos costes. Así, centrarse es la actitud más productiva. Con la estrategia para el público y la región bien definida, se puede partir hacia otro público y regiones.

Es importante valorizar la red de contactos entre los consultores. Estos no deben ser vistos como competidores, sino como socios. Si cada uno tiene un área de actuación muy enfocada, puede contribuir con otros sin perjudicarse.

Una vez definido el mercado de destino (por ejemplo, las industrias con mayor consumo mensual de un cierto valor en el oeste), es importante dimensionar ese mercado y tratar de obtener la mayor cantidad de información posible al respecto. Así, ¿Cuántas industrias con ese perfil existen en la región elegida? ¿Qué tienen en común? ¿En qué se diferencian? ¿Cuáles son los contactos de estas empresas? ¿Cuál es el mejor enfoque? ¿A qué son sensibles? ¿Cuáles son sus principales problemas? ¿En qué situación financiera se encuentra actualmente este segmento (expansión, estancamiento, crisis)?

Definición del producto

Ahora que ya se conoce al público objetivo se puede adaptar el producto a sus necesidades. ¿Qué ofrecerá el consultor objetivamente? No se trata de ofrecer soluciones genéricas ("hacer cualquier negocio para resolver su problema").

Cuando se entra en la empresa, ya se debe tener una idea de su problema, su posición en el mercado, la situación financiera, etc. Esto hace que sea más fácil ofrecer lo que necesita la empresa de forma que el contacto piense ya: ¡Wow, esa persona cayó del cielo! ¡Era justo lo que estábamos necesitando! En marketing, no hay coincidencias, son cuidadosamente construidas.

Por lo tanto, si el producto es parametrizable es buena idea personalizarlo antes de ofrecérselo al cliente. Por supuesto, es necesario dejar espacio para ajustes y optimizaciones, pero si el producto está muy indefinido las posibilidades de que el cliente lo identifique como la solución a sus problemas es menor porque tendrá que imaginar los ajustes realizados en el producto que necesita para satisfacer sus necesidades. ¡Construir la solución con el producto que se está ofreciendo es trabajo del consultor, no el cliente!

Identificación y análisis de las fuerzas internas y externas

Como hemos visto, las fuerzas internas y externas son las que representan las fortalezas y debilidades y las amenazas y oportunidades. En primer lugar un análisis de las fortalezas y debilidades.

Ambiente interno

- ¿Cuáles son las debilidades del producto? Ciertamente existen, busque bien.

- ¿Y los puntos fuertes del producto? ¿Cuál es el mayor diferencial de este producto? ¿Cuál es el mayor beneficio que ofrece?

- ¿Cuáles son las debilidades del consultor? ¿Y los puntos fuertes?

- ¿Qué limitaciones tiene el servicio?

Una vez que los puntos fuertes y débiles son identificados piense en una manera de promover las fuerzas y hacerlas aún más potentes y visibles y en una forma de superar las limitaciones y debilidades para que no perjudiquen el negocio. Por ejemplo, si una de las debilidades identificadas en el consultor es que él tartamudea y es tímido, busque la manera de resolver este problema (terapia, cursos, etc.) o mejore su entorno (lleve siempre un Asesor Adjunto que hable bien; contrate a alguien competente para hacer el trabajo externo, limitar al máximo los contactos verbales y dar mayor valor a los escritos, etc.). Si el punto fuerte del producto es proporcionar ahorro de dinero, la planificación de las hojas de cálculo comparativas y casos de éxito para llevar a las reuniones, cuantificados en informes escritos que estén disponibles en un momento de duda.

Ambiente externo

- ¿Qué variables demográficas pueden interferir (para bien o para mal) en el éxito de su producto? ¿Cuáles son las regiones geográficas más favorables para vender su producto?

- ¿Cómo son las condiciones económicas de la empresa que va a visitar? ¿Hay una manera de mostrar el producto de manera que contribuya a su mejora en caso de una crisis? ¿Cuáles son los argumentos económicos que los potenciales clientes podrían usar para no comprar el servicio? ¿Cómo eses argumentos podrían ser rebatidos? Ejercitar el lado "Abogado del Diablo" es esencial para anticiparse a los deseos y necesidades de los clientes.

- ¿El producto produce un impacto en el medio ambiente? Si es negativo, ¿cómo minimizarlo? Si es positivo, ¿cómo valorarlo?

- ¿Las actualizaciones tecnológicas impactan en el

producto? ¿De qué manera? ¿Cómo tomar ventaja de eso?

- ¿Las leyes podrían influir en la disposición del cliente para que compre su producto?

- ¿Cuál es la situación en el Congreso? ¿Y las leyes locales y estatales?

- ¿Hay alguna resistencia cultural para aceptar el producto? ¿O que no acepte el consultor?

- ¿Hay algún producto de la competencia? ¿Usted ha investigado bien? Si no lo encuentra, busque más. Recuerde, la competencia no siempre ofrece lo mismo que
usted. Puede ser que también ofrezca una solución al problema de su cliente. ¿Cuál es realmente el problema de su cliente? ¿O lo que él está comprando? ¿Qué hace su cliente mejor que usted? ¿Es peor? ¿Pueden unirse para lograr mejores resultados?

- ¿Quiénes son sus clientes (público objetivo)? ¿Cuál es el tamaño del mismo (en número, en facturación, en consumo, etc.)?

- ¿Quiénes son sus proveedores (por ejemplo, electricistas, empleados propios, diseñadores de fábrica, etc.)? ¿Usted los trata como socios? ¿Ellos están convencidos de la importancia de su trabajo? ¿Qué obtienen si el producto es un éxito? ¿Cómo dejar esto claro a ellos? ¿Y qué es lo que pierden? ¿Cómo minimizar esta pérdida o revertirla?

Definición de posicionamiento en el mercado

Los público-objetivo son muy diferentes, simplemente basta prestar atención. Si va a diseñar un zapato para una persona cuyo perfil es muy consumista y que valora el status, el argumento debe estar centrado en las tendencias internacionales de la moda, en el simbolismo de estar centrada en las tendencias internacionales, en la moda, en el simbolismo que ese objeto tiene para quien lo usa. Por otra parte, esos mismos zapatos se pueden vender a un grupo igualmente exitoso económicamente pero con preocupaciones medio ambientales. Ahora, olvide la moda y el status. La conversación debe girar en torno a los materiales que no dañen la naturaleza, mismo si eses tenis son descartados, los proveedores estarán certificados por la ISO 14000.

¿Se dio cuenta de la diferencia del enfoque? Bueno, primero debe definir el público-objetivo. El siguiente paso es definir la descripción del producto de acuerdo con los elementos que tienen un valor para ese público, incluyendo su nombre, marca, diseño, precio, etc. Sólo entonces se parte para la promoción. En todo esto, hay que dejar clara la posición de la empresa. ¿Por cual característica quiere ser reconocida y recordada?

Y usted, como consultor ¿Qué es lo que su público objetivo considera importante? ¿Conocimientos técnicos? ¿Credibilidad? ¿Buena presentación? ¿Resultados? ¿Números para mostrar a los inversores? ¿Números para mostrar a la sociedad? ¿Ahorrar dinero? ¿La preocupación por los recursos naturales? ¿La preocupación por las condiciones de trabajo? Averigüe qué es lo más importante para su público - lo que genera más valor.

Entonces, delinee la forma cómo su producto será presentado a él.

La planificación del marketing mix

Como hemos visto, el marketing mix clásico consiste básicamente en las 4 Ps: Producto, Precio, Punto de Venta y Promoción.

PRODUCTO

El producto a ser comprado debe tener sus características bien definidas y sus resultados esperados bien claros. ¿El producto es una consultora? ¿Se trata de un proyecto? ¿Cuántas horas serán necesarias para ejecutarlos? ¿Cuál es el alcance de la consultoría? ¿Qué tipo de actividades están excluidas? ¿Qué requisitos y necesidades el producto deberá tener para cumplir con las expectativas (ejemplos: compromiso de alta dirección, disposición de al menos un empleado de la empresa para acompañar el proyecto, la apertura de la información confidencial al consultor)? Lo que el contratante puede esperar como parte de los productos (por ejemplo: la confidencialidad, los resultados financieros, generación de un informe de diagnóstico, etc.). ¿Cómo será la post venta? ¿La firma ofrece horas para el seguimiento de la ejecución? ¿Cuáles son las responsabilidades de cada parte?

Todos estos elementos ya deberían estar bien definidos cuando el producto se ofrece al cliente y la descripción del alcance del proyecto, elementos incluidos, excluidos, requisitos, responsabilidades y condiciones post venta deben estar explicados en un documento que podría ser un descriptivo técnico.

Para evitar problemas y el descontento, se recomienda que después de la primera reunión se realice un resumen de las cuestiones mencionadas y de todo lo que fue acordado entre las partes, incluidos los nombres de personas de contacto, las responsabilidades y limitaciones, las expectativas y los plazos. Este documento debe ser firmado por todos los participantes antes de comenzar cualquier trabajo y también servirá como base para la elaboración del contrato de prestación de servicios.

Servicios ejecutados de forma más informal tienen problemas de comunicación que generan graves malentendidos y descontento de todas las partes. El cliente entendió que iba a recibir el diagnostico por duplicado pero recibió sólo una copia. O el cliente pensaba que el seguimiento del proyecto se incluiría mientras que por su parte el consultor estaba seguro de haber dejado claro que esa copia iba a ser cobrada aparte.

Si todos los puntos posibles de generar dudas están escritos en un documento es mucho más fácil recordar después lo que cada uno de ellos dijo y. lo más importante, lo que entendió cada uno de ellos en la conversación.

PRECIO

¿El precio se calculará mediante la combinación de número de horas de consultoría? ¿Hay un precio estándar a ser practicado por todos los consultores? ¿O será un contrato de riesgo con un fijo y un proporcional a la cantidad ahorrada por la empresa con la ejecución del proyecto? En el precio tratado, ¿los impuestos están incluidos o no? ¿Y los gastos adicionales, tales como vuelos, alojamiento, comidas? ¿Será reembolsado o forma parte del paquete? ¿Cómo este precio se comporta en relación con el mercado? ¿Es alto, bajo, en el promedio? ¿Cuál es el precio de la competencia?

Todas estas preguntas deben ser respondidas antes de ponerse en contacto con el cliente. Un grupo de consultores se puede reunir para intercambiar experiencias y definir una propuesta que sea cómoda y conveniente para todos.

PUNTO DE VENTA

¿Cómo se ofrecerá el producto? ¿Visitas "puerta a puerta"? ¿Venta telefónica? ¿La segmentación del público-objetivo será según la región geográfica, el tamaño, el nivel de consumo de energía eléctrica o línea de negocio?

¿Los consultores tienen tarjetas de visita y material de estandarizado o es "sálvese quien pueda"? ¿Habrá un portal o página Web con la relación y los contactos para los consultores acreditados? ¿Habrá una figura de "apuntadores" que son las personas que identifican posibles negocios y establecen los primeros contactos? ¿Cómo va a ser la comisión?

PROMOCIÓN

¿Cómo quedaron los clientes conociendo la existencia de sus productos y sus ventajas? ¿Quién realizará esta inversión? ¿Quién va a centralizar los contactos?

Opciones que deben ser consideradas y estudiadas en su relación coste-beneficio:

- Creación de un evento para promocionar el producto.

- Participación en eventos (ferias, conferencias, seminarios) que el público objetivo frecuenta.

- Anuncios en revistas especializadas (siempre centradas en el público objetivo).

- Publicación de artículos en revistas especializadas.

- Clases magistrales en entidades y asociaciones que reúnan al público objetivo.

- Correo directo (papel y electrónico).

- Acuerdos y convenios con asociaciones de clase (por ejemplo, la Asociación de Empresas Metalúrgicas tienen un acuerdo que ofrece un descuento del 10% para sus miembros; a cambio, esta entidad da a conocer el producto en sus medios de comunicación normales).

- Telemarketing.

- Oficina de Prensa.

- Sitio Web.

Hay muchas otras maneras de divulgar el producto pero primero tiene que tener información de presupuesto disponible y detalles del público objetivo que debe alcanzarse.

PLAN DE ACCIÓN

De nada sirve un montón de información muy valiosa si nada se puede hacer en la práctica. Un plan de marketing no es sólo un conjunto de información que sirve para ayudar a desarrollar un producto, lanzarlo en el mercado y promocionarlo. Debe contener efectivamente un plan de acción para transformar los objetivos a la realidad.

Un plan de acción se caracteriza por brindar respuestas a las siguientes preguntas:

1. ¿Cuál es el objetivo del plan? El propósito del plan debe ser delimitado. Si es demasiado genérico, es difícil saber si el plan después de la ejecución alcanzó los objetivos. Por ejemplo, satisfacer las demandas de proyectos de optimización en sistemas de transmisión en el oeste.

2. ¿Cuáles son los objetivos? Las metas son siempre numéricas, pues aportan indicadores que se pueden medir. Las metas indican si los objetivos se han alcanzado o si es necesario repensar las acciones estratégicas. Ejemplo: tener 5 proyectos aplicados en industrias metalúrgicas de la región hasta el final del primer semestre.

3. Plan de Acción: el plan de acción no es más que una tabla que describe cada acción en detalle: por qué, lo qué, cómo, quién, cuándo, cuánto.

El nivel de detalle debe estar de acuerdo con las condiciones de cada equipo. Durante el desarrollo de trabajo, el formulario puede evolucionar para retratar la realidad de las tareas con mayor precisión.

TENDENCIAS DEL MERCADO

Mejora de la profesionalidad

La negociación con empresas tiene algunas características diferentes de la negociación directa con el consumidor final. Cuando una persona contrata los servicios de un arquitecto para construir su casa, ella no puede estar satisfecha con los resultados pero la relación será directa entre el cliente y el proveedor. Por otro lado, cuando la negociación se lleva a cabo en una empresa, hay relaciones jerárquicas a considerar y las expectativas de cada área involucrada. Muchas más personas entran en el proceso y el peso de la responsabilidad de los resultados recae directamente sobre el profesional que tomó la decisión de contratar el servicio. Así, el proceso es más complejo porque las consecuencias son más grandes. El cliente del arquitecto puede estar satisfecho con el proyecto y tener una pérdida financiera. En una empresa, la persona que contrató el servicio, además de ser responsable de los malos resultados, puede poner su carrera en peligro. En última instancia, hasta su trabajo.

Así, según Levitt, los estudios muestran que dos son los factores que los profesionales que contratan servicios para las empresas donde trabajan consideran importante: confiar en la persona que está haciendo la venta y respetar a esa persona.

Algunos consultores interpretan este enfoque de forma un tanto distorsionada, dando lugar a negociaciones de manera informal. Algunos se convierten en "amigos de la infancia" de sus potenciales clientes en pocas horas, tal es el grado de intimidad e informalidad denotadas. De hecho, estas acciones tornan la relación menos profesional y la negociación sólo tiene que perder con eso.

Confianza y respeto se conquistan con profesionalidad. En este punto, Wittreich pone algunos conceptos que pueden guiar la actitud profesional:

Identificación y minimización de las incertidumbres: en este caso, es importante identificar cuáles son las preguntas que el cliente tiene de que su dinero será bien gastado y los resultados le traerán beneficios.

Ataque específico del problema: los clientes siempre sospechan que los consultores quieren vender lo que tienen, no lo que el cliente necesita. Hay un dicho que dice "para quien sólo tiene un martillo, todo es un clavo". Algunos consultores actúan de esta manera – quieren de todas las maneras encajar su proyecto en la industria, aunque esa no sea la mejor solución en este momento. Por eso es tan importante escuchar al cliente y sus problemas. La solución debe satisfacer las necesidades de la empresa, no las del bolsillo del consultor.

La elección de un profesional verdaderamente eficiente. A veces sucede que el consultor no tiene las habilidades más adecuadas para resolver ese problema en particular. A veces esto sucede incluso a causa del estilo de trabajo, históricos anteriores con esa empresa, etc. En ese momento es importante poner en acción la red de contactos. Conocer a alguien especialmente cualificado para resolver el problema específico de esa compañía puede traer más beneficios al consultor que hacer el trabajo el mismo, con el riesgo de no hacerlo de la manera más adecuada. Por lo tanto, es mejor hacer el proyecto acompañado de un colega experimentado o incluso pasar el trabajo para él que perjudicar al cliente y a su propia carrera (el mundo de los negocios es muy pequeño y las redes de contactos son más poderosas de lo que a veces se piensa).

Ambiente y conservación de la energía

El mundo consume cada vez más energía y las fuentes están cada vez más cerca del agotamiento. Los combustibles fósiles como el petróleo, gas y carbón, son motivo de preocupación desde hace décadas. Las energías renovables (energía hidroeléctrica y eólica, por ejemplo), hasta entonces vistas como la solución para todos los males requieren grandes inversiones y profundos estudios sobre el impacto ambiental que causan. Así, el camino es racionalizar la energía disponible haciendo que se genere más trabajo con el mismo consumo. En este contexto, los proyectos tales como la optimización de sistemas motrices posee la ventaja de no encontrar resistencias (por lo menos conceptuales) a su aplicación.

Un enfoque que puede ser muy útil es el énfasis en la responsabilidad ambiental en las empresas, especialmente las que ya tienen o se están preparando para la certificación ISO 14000.

La importancia del diseño

Como ya fue dicho, el diseño materializa la idea, el contenido, el concepto de la empresa, que en ese caso puede ser el consultor. Por lo tanto, no es suficiente que sea competente. También es necesario que lo parezca. Sólo recuerde que dos de los puntos identificados como fundamentales para la contratación de un trabajo es la confianza de quien lo vende (y/o ejecuta) y el respeto por el profesional.

Por eso, es importante que el consultor se coloque en el lugar del contratista con un ojo crítico: la tarjeta de visita inspira profesionalidad o parece hecha por un aficionado, ¿Cómo va vestido el consultor? ¿Parece un experto, detallista y profesional competente? ¿Se atrevería a entregar un documento importante para su negocio a alguien que va visiblemente sucio o desaliñado?

¿Cómo va a confiar en el trabajo de alguien que anota información importante de una reunión en trozos sueltos de papel?

¿Cómo es la actitud del consultor? ¿Utiliza palabras correctamente o usa jerga y expresiones vulgares? ¿Hace bromas bajo ningún pretexto con el fin de parecer amable y divertido? ¿Toma alcohol en una comida de negocios?

¿Cómo son los documentos e informes entregados al cliente? ¿Están bien diagramados, organizados, con una impresión de calidad?

Recuerde que cuando se presta servicios, una de las pocas pruebas tangibles del valor de lo que fue contratado son los documentos entregados y estos informes deben mostrar lo mucho que valen la pena.

CADENA DE IMPACTO

En marketing, una de las cuestiones más importantes en la relación entre la satisfacción del cliente y los esfuerzos para obtener esa satisfacción es la cadena de valor.

Se trata de un modelo de gestión que permite a la empresa agregar valor a las materias primas que esta transforma y luego obtener un margen de beneficio con esta adicción.

Este modelo estudia cual es el valor que cada segmento en la cadena de producción añade al producto final. La idea es mostrar cuánto cuesta producir un producto haciendo una evaluación refinada con el fin de obtener el beneficio real del producto. Este estudio ayuda a identificar eficiencias y deficiencias en la cadena de suministro y transformación.

Una racionalización del consumo de energía eléctrica y de su coste en una industria tiene mucho que aportar en el impacto del precio final de cada producto y esta ventaja competitiva puede y debe ser explorada por los consultores en su trabajo.

Editorial

IT Campus Academy es una gran comunidad de profesionales con amplia experiencia en el sector informático, en sus diversos niveles como programación, redes, consultoría, ingeniería informática, consultoría empresarial, marketing online, redes sociales y más temáticas envueltas en las nuevas tecnologías.

En **IT Campus Academy** los diversos profesionales de esta comunidad publicitan los libros que publican en las diversas áreas sobre la tecnología informática.

IT Campus Academy se enorgullece en poder dar a conocer a todos los lectores y estudiantes de informática a nuestros prestigiosos profesionales, como en este caso **Ángel Arias**, experto en Consultoría TIC y Desarrollo de Web con más de 12 años de experiencia, que mediante sus obras literarias, podrán ayudar a nuestros lectores a mejorar profesionalmente en sus respectivas áreas del ámbito informático.

El Objetivo Principal de **IT Campus Academy** es promover el conocimiento entre los profesionales de las nuevas tecnologías al precio más reducido del mercado.

La Autora

En 2010 comienza su experiencia en el mundo de formación, Patricia empieza a escribir libros y a crear cursos online de informática para sus alumnos. Con una amplia experiencia laboral, Patricia González es una profesional con formación en Desarrollo de Aplicaciones Informáticas y Administración de Sistemas Informáticos, con más de 8 años de experiencia en el mundo de la informática, con amplia experiencia en los sectores de formación, publicidad y desarrollo web, llevando a cabo tareas de gestión, diseño gráfico, programación web y Directora de publicidad.